Die ganze Welt in einer Stadt – das ist nicht nur ein Werbeslogan, sondern Realität: London ist im wahrsten Sinne des Wortes eine Weltstadt, geformt von Menschen aus aller Herren Länder, die ihre Kultur mitbrachten und mit ihr, nicht immer reibungslos, jene Melange schufen, die das einzigartige Flair der britischen Hauptstadt ausmacht. Die Vielfalt beruht jedoch nicht nur auf dem Zusammenspiel kultureller Eigenarten, sondern auch auf der Innovationskraft einer Gesellschaft, die mit ihren technischen Erfindungen und ihrer künstlerischen Kreativität einen wesentlichen Beitrag zur europäischen Wirtschaft und Kultur geleistet hat. London in Gänze zu erfassen, ist keine einfache Angelegenheit. Doch es ist nicht nur die schiere Größe, die überwältigt. Es ist die Fülle der Möglichkeiten und Sehenswürdigkeiten: Da ist das königliche London mit seinen beeindruckenden

Palästen, das kommerzielle mit zukunftsweisender Architektur, aber auch mit erstklassigen Einkaufsstraßen; dann das historische London mit den Kathedralen und der alten City sowie das maritime mit dem zauberhaften Greenwich und natürlich mit der Themse, der Lebensader der Stadt. Schließlich gibt es das London der Kunst und der Kultur, wo die fantastischsten Sammlungen der Welt sich auf unzählige Museen und Galerien verteilen und Hunderte Bühnen großartige Vorstellungen bieten. Der vorliegende Bildband versucht, einen kleinen Querschnitt dieser schillernden Metropole zu vermitteln, von den prachtvollen historischen Gebäuden über die gepflegten Parks bis hin zu den lebendigen Vierteln des Alltags. Doch auch jenseits der weltberühmten Sehenswürdigkeiten wartet London immer noch mit Überraschungen selbst für jene auf, die hier ihr halbes Leben verbracht haben.

Der Trafalgar Square ist zwar nicht unbedingt geografisch, aber auf jeden Fall ideell der Mittelpunkt Londons. Vor der Kulisse der National Gallery und unter dem wachsamen Blick von Lord Nelson treffen sich hier die Touristen. Im Sommer ist der riesige Platz Bühne für zahllose Kulturveranstaltungen.

INHALT

Bilder auf den vorigen Seiten:

S. 2/3 Ein Blick von oben auf das nächtliche, illuminierte London.

S. 4/5 Die markante Kuppel der St Paul's Cathedral mit der Millennium Bridge im Vordergrund.

S. 6/7 Durch das Geländer der Tower Bridge sieht man die futuristischen Gebäude der City Hall und von The Shard.

S. 8/9 Kleine Gassen wie die Creed Lane mit Pubs und Tobacco Shops repräsentieren den Charme der Stadt.

Oben: Majestätisch verbindet die Tower Bridge die Stadtteile über die Themse.

INHALT

Oben: Mächtig erhebt sich der neugotische
Westminster-Palast, Houses of Parliament,
hinter der Westminster Bridge.

CITY OF LONDON

Die City of London ist eine Stadt in der Stadt, der historische Kern Londons, hervorgegangen aus dem römischen Londinium und bis heute mit eigener Verwaltung. Die Grenzen haben sich seit dem Mittelalter kaum verändert: Sie umfassen etwas über eine Quadratmeile. Seit fast tausend Jahren werden hier Handel betrieben und Geldgeschäfte getätigt. Auch heute noch ist London neben New York der größte Finanzhandelsplatz der Welt. Die Skyline wird von hohen Bürotürmen geprägt, wie dem Swiss-Re-Gebäude, wegen seiner Form auch »Gherkin« (Gurke) genannt, oder dem Tower 42.

Moderne und Tradition gehen in der City of London eine spannende Verbindung ein. Majestätisch überspannt die Tower Bridge die Themse, dahinter ragen die Skyscraper des Finanzzentrums in die Luft, allen voran der gurkenförmige Turm 30 St. Mary Axe.

TOWER BRIDGE

Die 1894 eröffnete Tower Bridge gehört nicht nur zu den Wahrzeichen Londons, sondern sie ist auch ein bedeutendes Zeugnis der Ingenieurskunst der damaligen Zeit. Mitte des 19. Jahrhunderts war das Londoner East End so dicht bevölkert, dass eine Brücke notwendig wurde. Bis zu jener Zeit hatte man alle neuen Brücken westlich der London Bridge errichtet, da im Osten die Hafenanlagen und der Schiffsverkehr nicht behindert werden durften.

Die Lösung war eine kombinierte Klapp- und Hängebrücke. Dampfmaschinen setzten die Hydraulik in Gang, welche die Brücke innerhalb weniger Minuten öffnen konnte; heute geschieht dies mittels Elektrizität. In beiden Türmen befindet sich eine Ausstellung zur Geschichte des Bauwerks. Der mittlerweile verglaste Fußgängerübergang hoch über der eigentlichen Brücke bietet einen umwerfenden Blick über London.

TOWER BRIDGE

Schön bei Tag und Nacht: Die Tower Bridge wirkt wie ein Monument, das Fortschritt als Bindeglied zwischen dem historischen und dem modernen London symbolisiert. Ein paar technische Daten: Die Höhe der Türme beträgt 65 Meter, die Fahrbahn (links) befindet sich neun Meter über dem Fluss, die Fußgängerbrücke 43 Meter. Mehrmals täglich wird der Mittelteil hochgeklappt, um großen Schiffen die Durchfahrt zu ermöglichen.

TOWER OF LONDON

Am östlichen Rand der City wacht die massive Anlage mit dem langen Namen »Her Majesty's Royal Palace and Fortress The Tower of London« an der Themse, gemeinhin nur als Tower bezeichnet. Im Mittelpunkt des Areals steht der White Tower, ein wuchtiger Festungsbau, den Wilhelm der Eroberer nach seiner Krönung zum König von England 1078 erbauen ließ. Er sollte nicht nur die Stadt vor Angriffen schützen, sondern den normannischen Herrschern auch ein wachsames Auge auf die unabhängigen und selbstbewussten Londoner gewährleisten. Im 12. und 13. Jahrhundert wurden die beiden Wälle und der Festungsgraben angelegt. Bis ins 17. Jahrhundert war der Tower königliche Residenz, bis ins 20. Jahrhundert Gefängnis und bis heute eine königliche Schatzkammer, in der seit über 300 Jahren die Kronjuwelen der Öffentlichkeit präsentiert werden.

TOWER OF LONDON

Die Festung am Fluss wird jährlich von vielen Menschen besucht, nicht nur wegen der grausigen Geschichten rollender Köpfe und unliebsamer Adliger, die in den Kerkern darbten, sondern auch wegen der altertümlichen Zeremonien, die hier noch aus touristischen Gründen stattfinden und dem Museum, das rund um die Royals informiert. Seit 1988 gehört der Tower außerdem zum UNESCO-Welterbe.

RIVER THAMES (THEMSE)

Sie war einst die Hauptverkehrsader Londons: die Themse. Der 338 Kilometer lange, durch Südengland fließende Fluss zählte im 18. Jahrhundert zu den am meisten befahrenen Wasserwegen weltweit, weil London sich zur bedeutenden Handelsmetropole des britischen Empires entwickelte. Aber die Themse teilte auch die Stadt: Vor 1965 trennte sie das damalige London auf der nördlichen Seite von den Grafschaften im Süden. Die

Themse ist der zweitlängste Fluss Großbritanniens und fließt nur sehr langsam, bis sie die Nordsee mündet. Im 18. und 19. Jahrhundert war sie oft zugefroren, sodass sich die Menschen mit Eiskegeln oder sogar Jahrmärkten darauf vergnügten. Mit Eisenbahn und Autos verlor die Themse an ihrer wirtschaftlichen Bedeutung, die einzige »Hauptstraße« der Stadt zu sein. Der Vorteil ist, dass sie heute zu den saubersten Flüssen zählt, die durch

eine Großstadt fließen. Häufig genutzt wird der Wasserweg aber immer noch. Ausflugsschiffe verkehren dort im Minutentakt, Londoner Bürger, die in Außenbezirken wohnen, können mit öffentlichen Fähren ins Zentrum fahren. Es wird gepaddelt und gerudert auf der Themse, und wer sich wie James Bond fühlen will, bucht eine Tour mit dem Speedboot. Mit 245 PS düsen die Passagiere mit Bond-Musik über das Wasser.

Wenn sich abends die Lichter der Stadt im Wasser der Themse spiegeln, bekommt sogar eine Metropole wie London mit Baukränen und Hochhäusern ein romantisches Flair (großes Bild). Links: Schiffe vor der Tower Bridge, einem Wahrzeichen der Stadt. Die Brücke ist in der Dunkelheit prachtvoll illuminiert, von ihren Gehwegen aus schauen Besucher auf den 45 Meter tiefer liegenden Fluss.

ALL HALLOWS BY THE TOWER/THE MONUMENT

Das Monument erinnert an die größte Katastrophe in der Geschichte Londons, nämlich die Feuersbrunst, die im Jahr 1666 die mittelalterliche und dicht besiedelte Stadt nahezu vollständig zerstörte. Der große Architekt Londons, Christopher Wren, entwarf die Säule, die schließlich im Jahr 1677 errichtet wurde. Sie steht etwa 60 Meter von der Bäckerei in der Pudding Lane entfernt, in der das verheerende Feuer ausbrach. Die City of London bestand damals hauptsächlich aus Holzhäusern mit Strohdächern. Der Feuersturm zerstörte auch die alte St. Paul's Cathedral und über 80 Gemeindekirchen. Eine der Kirchen, die vom Feuer verschont blieb, ist die All Hallows by the Tower. Heute bietet das 60 Meter hohe Monument von seiner Aussichtsplattform einen phänomenalen Blick über die City und die steinernen Zeugen des Überlebenswillens der Stadt.

All Hallows by the Tower (links) ist die älteste Kirche der City, älter noch als der Tower of London. Ihre Ursprünge stammen aus dem Jahr 675, in den folgenden Jahrhunderten wurde sie mehrmals umgebaut. Ältester Teil sind Reste eines Gebäudes aus römischer Zeit, die heute als Teil des Museums Undercroft in der Krypta ausgestellt sind. Großes Bild: die nächtlich illuminierte Gedenksäule The Monument.

LLOYD'S OF LONDON

Bei Nacht erstrahlt das Lloyd's-Gebäude besonders dramatisch: Flutlichter verleihen der Stahl- und Glaskonstruktion dann ein nahezu außerirdisches Flair. Tagsüber wirken die gläsernen Außenaufzüge, die Treppenhäuser und die Versorgungsleitungen, als wäre das Innere des Hauses nach außen gekehrt – was auch in der Absicht des Architekten Richard Rogers lag. Sein innovativer und preisgekrönter Entwurf war bei der Einweihung 1986 eine architektonische Sensation, wird mittlerweile aber von weitaus gewagteren Gebäuden übertroffen. Für die Versicherungsbörse Lloyd's of London war es ein langer Weg vom Kaffeehaus des Edward Lloyd im Jahr 1688 bis zum Stahlpalast von Richard Rogers. Über die Jahrhunderte hat sich die Gesellschaft zum Versicherungsgiganten entwickelt, der die höchsten Risiken – und selbst die schönsten Beine – versichert.

Das Lloyd's-Gebäude besteht aus mehreren Büro- und Versorgungstürmen um einen rechteckigen Platz, ein Komplex, der eine fast schon futuristische Atmosphäre schafft. Charakteristisch sind die spiralförmigen Treppenhäuser aus Edelstahl, die sich an den Außenwänden in die Höhe winden, aber auch die zwölf gläsernen Fahrstühle, die einst die ersten ihrer Art in Großbritannien waren.

LEADENHALL MARKET

Seit dem Mittelalter befindet sich an dieser Stelle ein Markt, auf dem die Landbevölkerung aus der Umgebung hauptsächlich Geflügel, Fleisch und Fisch verkaufen durfte. Die ersten Stände gruppierten sich um eine Stadtvilla mit bleiernem Dach (»lead« = Blei), das dem Markt den Namen verliehen hatte. Aber erst im 17. Jahrhundert, nach dem Großen Feuer von London, wurde hier eine steinerne Halle errichtet. Das heutige prachtvolle Gebäude stammt allerdings aus dem Jahr 1881, ein farbenprächtiger viktorianischer Bau aus Eisen und Glas und dem Flair vergangener Zeiten. Selbst die Laden- und Restaurantfassaden entlang der kopfsteingepflasterten Passagen wurden im gleichen Stil beibehalten – weswegen die Halle nicht nur eine besondere Touristenattraktion ist, sondern auch für den Film »Harry Potter und der Stein der Weisen« als Filmkulisse diente.

LEADENHALL MARKET

Neben feinen Delikatessen, Fleisch, Käse, Fisch und anderen Lebensmitteln werden in den Läden auch edle Lederwaren, Designeranzüge für den wohlhabenden Geschäftsmann, Luxusschmuck, edles Schreibmaterial und andere hochwertige Waren verkauft. Für Erfrischung sorgen zahlreiche Restaurants und Pubs. Und wer es sich leisten kann, darf Teile der Halle auch für private Feiern mieten.

FINANCIAL DISTRICT

Die funkelnde Macht des Geldes: Die City of London ist das führende Finanzzentrum der Welt und ein wesentlicher Faktor der britischen Wirtschaft. Weit über 13 000 Firmen haben auf der Quadratmeile ihren Sitz, darunter auch um die 500 Banken, zu denen alle großen Geldhäuser dieser Erde zählen. Die britischen Institutionen der Finanzwelt residieren hier, wie die Londoner Börse, der Versicherungsriese Lloyd's of London und die Bank of England. Täglich werden hier Milliarden umgesetzt, selbst die Bankenkrise hat daran nicht viel geändert. Der Kapitalismus ist hier noch lange nicht tot. Abends und am Wochenende jedoch stirbt das Viertel regelrecht aus, selbst Pubs und Restaurants schließen dann oft ihre Tore. Nur etwa 8000 Menschen leben tatsächlich noch hier, die meisten im Barbican Estate, dem Betonklotz, der in den 1960er-Jahren entstanden ist.

FINANCIAL DISTRICT

1980 entstand das erste Hochhaus Großbritanniens, der Tower 42, mit 183 Metern und
42 Stockwerken das höchste Bauwerk der City
(großes Bild, 2. Gebäude von links). Eigentümer
ist ein Immobilienkonzern. Der Tower 30
St. Mary Axe (links und unten, 3. Gebäude
von links), »the Gherkin«, war ursprünglich in
der Hand der Versicherung Swiss Re, wurde
aber auch an Immobilienfirmen verkauft.

BANK OF ENGLAND

Im Jahr 1694 unterbreitete der Schotte William
Paterson dem stets klammen und kriegsbereiten
König Jakob II. das Angebot, der Regierung 1,2 Millionen Pfund Sterling zu borgen und zu diesem
Zweck eine Aktienbank zu gründen – im Gegenzug
zu zahlreichen Privilegien für das Geldhaus. Die
Bank von England machte bald blühende Geschäfte.
Das erste Bankhaus wurde in Walbrook gebaut, und
zwar auf dem Grund des römischen Mithras-
Tempels, dessen Fundamente allerdings erst 1954
entdeckt wurden. 1734 verlegte man den Standort in
die Threadneedle Street. Das funktionale wie imposante Gebäude von heute stammt aus dem frühen
20. Jahrhundert und wurde von Kritikern wegen der
unsensiblen Architektur als ästhetisches Verbre-
chen bezeichnet. Das weitläufige Museum der Bank
of England mit zahlreichen historischen Exponaten
ist an der Ostseite untergebracht.

Die Monumente des Reichtums vis-à-vis in der Threadneedle Street: die Royal Exchange (großes Bild, rechts) gegenüber der Bank of England (links und großes Bild, links). Nach einer turbulenten Geschichte und etlichen »Aufs und Abs« in der Bankwirtschaft hat die Bank of England heute die sichernde Funktion einer Zentralbank und zudem die Monopolstellung der Banknotenausgabe.

ROYAL EXCHANGE

Königin Elisabeth I. eröffnete die Royal Exchange im Januar 1571. Das Gebäude beherbergte die erste Börse der Stadt. Die Idee dazu hatte Thomas Gresham im Jahr 1565, er selbst übernahm die Baukosten, ein flämischer Architekt hatte die Bauleitung. Denn das Haus war der Börse in Antwerpen nachempfunden. 1666 zerstörte ein Großbrand das Bauwerk, das am selben Standort wieder errichtet wurde. Im Jahr 1838 erneut von einem Feuer zerstört, folgte ein klassizistisches Gebäude, das Königin Victoria 1844 eröffnete. Heute sind dort schicke und teure Geschäfte zu finden, das Finanzzentrum hat sich nach Osten verlagert. Rund 300 000 Menschen arbeiten in den Gebäuden rundherum, an den Wochenenden sind die Straßen jedoch wie leer gefegt. Sehenswert ist das Bauwerk mit seinem großen Säulenportal aber auch wenn die Edel-Boutiquen schon geschlossen sind.

Frühstück bei Tiffany: Ein Monument des Reichtums ist die Royal Exchange noch immer. Heute jedoch wird nicht mehr mit abstrakten Werten in der prachtvollen Halle der einstigen Börse gehandelt, sondern mit handfesten Kostbarkeiten. Luxusgeschäfte von Gucci und Cartier bis zu Hermès und eben auch Tiffany locken die Reichen und Schönen aus aller Welt in das edle Ambiente.

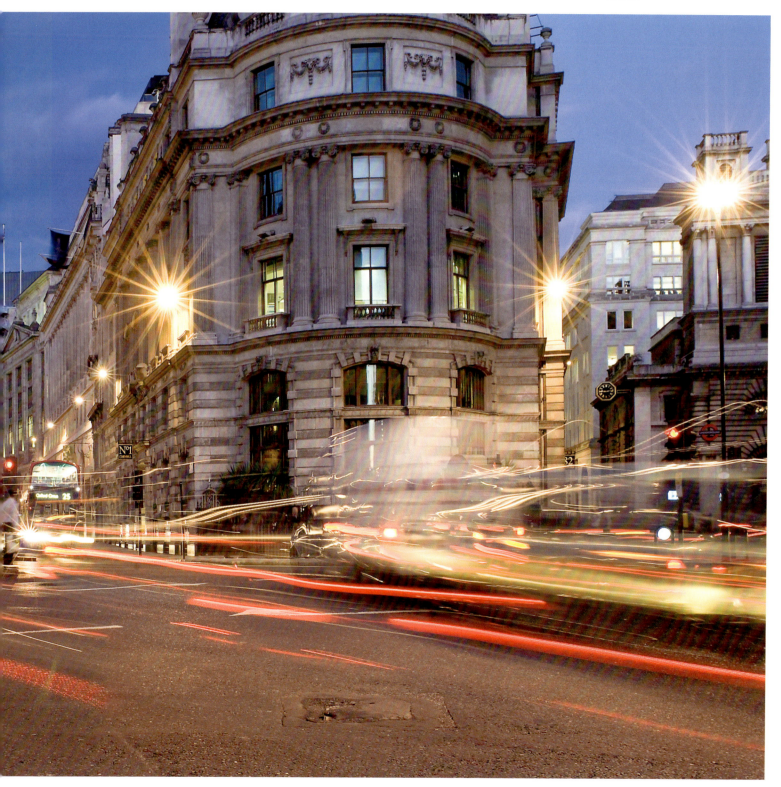

GUILDHALL

Seit dem Mittelalter wurde von der Guildhall aus die City of London regiert, und bis heute dient das mittelalterliche Gebäude als repräsentatives Zentrum dieser Stadtverwaltung. Zumindest das Mauerwerk stammt noch aus dem frühen 15. Jahrhundert – die Guildhall dürfte somit eines der ältesten Bauwerke Londons sein. In der Großen Halle, einem prachtvollen Repräsentationsraum, sind die Wappenschilder der zwölf Zünfte zu sehen, deren Repräsentanten London einst mit uneingeschränkter Macht beherrscht haben. Unterhalb der Halle erstreckt sich die größte mittelalterliche Krypta Londons, und im westlichen Gebäudeteil befindet sich auch ein Uhrenmuseum. In einem weiteren Gebäudeteil ist die Kunstgalerie untergebracht, in der Gemälde Londons aus verschiedenen Epochen zu sehen sind; außerdem befinden sich hier Reste des römischen Amphitheaters.

Die Great Hall (links) wird heute hauptsächlich für Staatsempfänge genutzt, die Guildhall birgt aber auch eine sehenswerte Kunstgalerie (großes Bild). Die Figuren des Gog und Magog (Bild rechts unten), zwei legendäre Riesen, die der Legende nach an diesem Ort angekettet waren, werden bei der Bürgermeisterparade gezeigt. Ganz links: Auf dem Guildhall Yard befindet sich auch die Kirche St Lawrence Jewry.

LONDON PUBS

Das traditionelle englische Pub ist Herz und Seele der englischen Nation, eine Institution, die das soziale Leben seit jeher bestimmt. Man trinkt dort nach Feierabend, man tauscht den neuesten Klatsch aus, trifft sich mit Freunden, Bekannten, Kollegen und lernt auch neue Leute kennen. Das mag sich in einer Großstadt wie London etwas verwässert haben, aber das »local«, das lokale Pub im Stadtteil oder nahe dem Arbeitsplatz spielt noch immer eine große Rolle – und ist dabei ein großer Gleichmacher. Klassen- und Altersunterschiede gibt es nicht, im Pub treffen die Generationen und die unterschiedlichen sozialen Schichten aufeinander. Das Public House, wie der volle Name lautet, eine Bezeichnung aus viktorianischen Zeiten, ist eine altmodische Angelegenheit. Es gibt die Bar mit Hockern, ein paar Tische und Stühle oder Sitzecken, Holzverkleidung und Teppich, meist einen scheppernden Spielautomaten, ein Dartbrett und immer häufiger auch einen Fernseher. Bestellt und gleich bezahlt wird an der Bar, eine Bedienung gibt es im Prinzip nur, wenn mittags oder auch mehr und mehr abends warme Gerichte serviert werden – der Trend geht allmählich zum Gastropub. Üblicherweise jedoch ist das Pub ein Hort der Trinker, die sich traditionellerweise das englische Ale sehr wohl schmecken lassen.

Das klassische Pint – etwas mehr als ein halber Liter – Ale oder ein gepflegter Gin & Tonic nach getaner Arbeit oder nach dem Einkauf genießt man oft im Stehen in den zauberhaften viktorianischen Pubs Londons. Die meisten Pubs wie beispielsweise das Royal Oak, The Shipwrights Arms oder das Sherlock Holmes (unten) sind innen holzgetäfelt und liebevoll geschmückt mit Souvenirs und allerlei Tand.

BARBICAN CENTRE

Das Barbican Estate gilt als eines der kontroversesten Wohnensembles Londons, allerdings in exquisiter Lage am Rand der City. Der riesige Komplex in brutaler Gigantomanie und unverputztem Beton mit über 2000 Wohnungen wurde in den 1960er- und 1970er-Jahren auf einer Brache aus dem Zweiten Weltkrieg gebaut. Zunächst wurden Wohnhochhäuser hochgezogen – einige davon mit 42 Stockwerken die höchsten Londons – wie sie typisch für jene Zeit waren und sich andernorts rasch zu sozialen Brennpunkten entwickelt hätten. Der Barbican-Komplex konnte diesem Schicksal jedoch entgehen, da die Wohntürme nicht nur große Wohnungen bieten, sondern im Inneren unterdessen das größten Kunst- und Kulturzentrum beherbergen. Seit dem Jahr 2001 steht die Siedlung wegen ihrer einzigartigen und kompakten Architektur unter Denkmalschutz.

Das Barbican Centre ist das größte europäische Kulturzentrum, das sich dank der Qualität der Angebote unter Londonern großer Beliebtheit erfreut: Performances, Ballettaufführungen der English National Ballet Company, Modenschauen von Jean Paul Gaultier (rechte Bildreihe von oben) ebenso wie die Ausstellungen in der Barbican Gallery (großes Bild: »Large Thumb« von Cesar Baldaccini zur Pop Art Design).

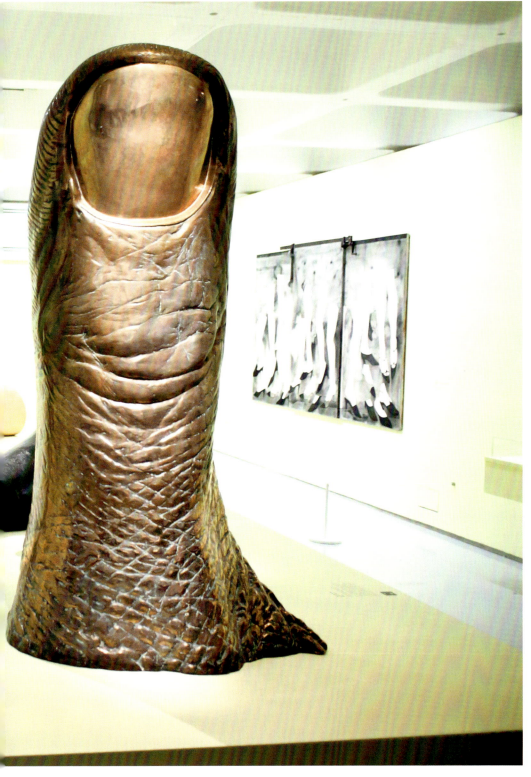

SMITHFIELD MARKET

Ritterturniere, Märkte, Hinrichtungen aller Art und ein Friedhof für Pestopfer – all das hat das 4,5 Quadratkilometer große Feld außerhalb der City-Grenzen schon gesehen. Münzfälscher übergoss man dort mit heißem Öl, des Verrats Angeklagten wurden bei lebendigem Leib die Eingeweide herausgerissen und Queen Mary I. ließ hunderte Protestanten auf dem Scheiterhaufen verbrennen. Zu Zeiten der Kreuzritter war das Gebiet für Trunksucht und ausschweifende Exzesse während des alljährlichen Bartholomew's Fair bekannt. Also irgendwie war Smithfield Market schon immer ein Fleischmarkt. Bauern brachten ihr Schlachtvieh, heute werden pro Woche fünf Millionen Pfund Fleisch umgeschlagen. Halbe Rinder baumeln an Fleischhaken und ein ziemlich hektisches Treiben halten Touristen normalerweise fern von diesem Ort. Obwohl das Gebäude durchaus sehenswert ist.

Smithfield Market ist mit seiner rund 800 Jahre alten Tradition der älteste noch existierende Markt in London. Hier dreht sich alles ums frische Fleisch (Bilder oben). Großes Bild: Das Hauptgebäude stammt aus dem Jahr 1868, eine zentrale Straße, die Grand Avenue, führt hindurch. Ihr gewölbtes Dach ist mit schmiede-eisernen Streben versehen. Geöffnet ist der Markt montags bis freitags.

ST PAUL'S CATHEDRAL

Wenn man die Millennium Bridge von Süd nach Nord überquert, genießt man den unverstellten Blick auf die monumentale Kuppel von St Paul's.

ST PAUL'S CATHEDRAL

Stolz und unübersehbar thront die prachtvolle Kuppel der St Paul's Cathedral inmitten der Finanzpaläste der City. Bereits seit 1400 Jahren steht auf dem Ludgate Hill in der City eine christliche Kirche. Die heutige englisch-barocke St Paul's Cathedral ist bereits die fünfte Version und ohne Frage die prächtigste. Die Feuersbrunst von 1666, die fast ganz London vernichtete, machte auch vor der mittelalterlichen St Paul's nicht Halt. Mit der Aufgabe des Neubaus wurde der Architekt Sir Christopher Wren betraut, der auch für die Entwürfe für weitere rund 50 Kirchen in der zerstörten Stadt zuständig war. Wrens Pläne wurden mehrmals abgelehnt, doch schließlich wurde 1677 der Grundstein für das Bauwerk gelegt, 20 Jahre später fand der erste Gottesdienst darin statt. Christopher Wren war der Erste von vielen Größen der britischen Geschichte, die hier begraben wurden.

Die elegante Kuppel des schönsten Gotteshauses Londons, deren Vorbild der Petersdom in Rom war, ist Symbol und Wahrzeichen der Stadt. Die Ausstattung ist mit ihren lichten Höhen, dem Figurenschmuck und der reichen Ornamentik im gewaltigen Schiff von einzigartiger barocker Pracht, eher untypisch für das nüchterne England jener Zeit – weswegen vielen Zeitgenossen der Bau zu »papistisch« erschien.

FLEET STREET

Ein noch heute unter dem Gehweg fließender Fluss, ein Fleet, gab der Straße ihren Namen. Doch sie wird auch »Straße der Medien« genannt. Denn schon seit dem 15. Jahrhundert galt die Fleet Street als Zentrum der Londoner Zeitungen und Verlage, die 300 Meter lange Straße wurde zum Sinnbild der Presse. Bis die moderne Technik in den 80er-Jahren Wapping und die Docklands als neue Standorte für Journalisten und Drucker notwendig machte. Die Kirche der Journalisten gibt es aber noch immer: die St Bride's Church aus dem Jahr 1703. Auch noch da sind die bevorzugten Pubs der Journalisten wie beispielsweise das aus dem Jahr 1602 stammende Ye Olde Cheshire Cheese. Hier tranken schon Charles Dickens und Ben Johnson ein Gläschen. In den hübschen Gebäuden der Presse haben sich heute vor allem Anwaltskanzleien und Banken angesiedelt.

Viele Häuser in der Fleet Street haben eine große Vergangenheit hinter sich, teilweise wurden sie renoviert oder komplett neu gebaut: Das Old Daily Express ist ein wunderschönes Art-déco-Gebäude aus den 1930er-Jahren, der einstige Zeitungsverlag ist längst ausgezogen. Das Ye Olde Cheshire Cheese war schon im 17. Jahrhundert ein legendärer Pub (rechts, von oben). Großes Bild: origineller Hoteleingang; links: New Fetter Lane.

OLD BAILEY

Krimis mögen einem den Nachtschlaf rauben, Gerichtsfilme können fesseln. Nichts aber geht über eine echte Verhandlung im zentralen Kriminalgericht von London. Das Gebäude von 1907 mag vielleicht nicht viel hermachen, aber dort werden bis heute die spektakulärsten Kriminalfälle verhandelt, die auch jenseits der Insel Schlagzeilen machen. Oscar Wilde stand hier seinerzeit vor dem Richter, allerdings in einem früheren Gebäude.

Freigesprochen wurden die Guildford Four, vier angebliche IRA-Mitglieder, die nach 15 Jahren Haft hier 1990 ihre Unschuld beweisen konnten. Der »Yorkshire Ripper« hingegen fand im Old Bailey 1981 seine gerechte Strafe. Der Standort des Gebäudes hat eine lange juristische Tradition. Hier befand sich bis 1902 das berüchtigte Newgate-Gefängnis. Die Verurteilten wurden dort bisweilen öffentlich hingerichtet.

Am Ort des berühmtesten Gerichtsgebäude der Welt wird seit Jahrhunderten Recht gesprochen, stets unter großer Anteilnahme der Öffentlichkeit. Das beeindruckende Gebäude (unten links: Blick auf die Südfassade) und der imposant verzierte Eingang (unten und links) mögen einen Beitrag dazu leisten. In früheren Zeiten wurde die Todesstrafe recht häufig ausgesprochen und war noch bis ins 20. Jahrhundert möglich.

ST BRIDE'S

Der schlanke Turm von St Bride's ist in London weithin zu sehen. Die heutige Kirche ist nach der St Paul's Cathedral die höchste, die Sir Christopher Wren entworfen hat, und vermutlich ist sie auch das älteste Gotteshaus Londons. Gewidmet ist sie Bridgit von Kildare, einer irischen Heiligen. Die Kirche befindet sich in der Fleet Street, einst das traditionelle Zeitungs- und Druckereiviertel Londons. So war sie seit je die Kirche der Verleger und Journalisten. In der Krypta gibt es eine Ausstellung zur Druckindustrie Londons von der ersten Druckerpresse bis heute. Obwohl die britische Presse zum großen Teil nach Wapping umgezogen ist, dient die Kirche noch immer als eine Art Refugium für Presseleute. Plaketten, Karten, Kerzen und Fotos erinnern an all jene Journalisten, die unabhängig von Religion oder Herkunft bei der Ausübung ihres Berufes den Tod fanden.

Der Innenraum St Bride's (links und unten) ist weniger opulent als Wrens Meisterwerk, die St Paul's Cathedral, und zeigt bereits Ansätze des eleganteren Klassizismus. Die Kirche fiel im Zweiten Weltkrieg deutschen Bomben zum Opfer und wurde danach liebevoll wieder aufgebaut. Großes Bild rechts: Der US-amerikanische Medien-Tycoon Rupert Murdoch und weitere Journalisten warten auf die Messe.

CITY OF WESTMINSTER

Westminster wird in der Regel mit der britischen Regierung assoziiert, aber der Bezirk umfasst mehr als das Zentrum der Macht um Whitehall. Er ist auch das Zentrum der Kultur. Die Reichen und Mächtigen haben sich seit dem 17. Jahrhundert hier westlich der City niedergelassen, wo die Luft besser war und der Platz ausreichte, um Paläste zu bauen, gepflegteren Vergnügungen nachzugehen und feinere Waren zu kaufen. So sind heute in Westminster die feinsten Sehenswürdigkeiten, die meisten Theater und Museen und die schönsten Londoner Einkaufsviertel zu finden.

Der Palace of Westminster, Sitz des Ober- und Unterhauses, war bis Anfang des 16. Jahrhunderts eine Residenz. Danach wurde er ausschließlich als Parlament genutzt. Der heutige Bau wurde erst im 19. Jahrhundert nach einem Feuer völlig neu und zweckbestimmt gebaut.

THE STRAND

The Strand war seit dem Mittelalter die Verbindungsstraße zwischen dem Palace of Westminster und der City of London. Sie war gesäumt von prächtigen Schlössern der Adligen und Kirchenfürsten, von denen heute nur noch das Somerset House übrig ist. Vom einst prächtigsten Schloss, dem Savoy Palace, ist nur noch der Name enthalten: An seiner Stelle steht das Savoy Hotel. In viktorianischen Zeiten schließlich war die Straße mit ihren Theatern ein Zentrum der Kultur. Heute ist sie eine wenig spektakuläre Verkehrsader, die vom Trafalgar Square bis zur Fleet Street reicht. Der Übergang zwischen diesen beiden Straßen, Temple Bar, galt einst als westlichste Grenze zur City, heute gekennzeichnet von einem Denkmal (1880) mit einem »Greif« obenauf, einem geflügelten Löwen mit Adlerkopf, der vor den Royal Courts of Justice den Zutritt zur City bewacht.

Der Haupteingang zu den Royal Courts of Justice (links) befindet sich in The Strand, aber der neogotische Bau mit der 140 Meter langen Fassade ist eine kleine Stadt für sich. Es ist Sitz des Berufungsgericht und des Obersten Gerichtshofs. Es ist auch umgeben von den Inns of Court, den vier Anwaltskammern. Die Grenze zur City markiert das Temple Bar Memorial (großes Bild).

ADELPHI THEATRE

Die Erzählungen von Charles Dickens feierten dort ihre Uraufführungen: im Adelphi. Es steht im Londoner Theaterviertel West End und ist seit seiner Eröffnung im Jahr 1806 gleich dreimal am selben Ort neu gebaut worden. Es gab von jeher populäre Stücke, Heiteres, Gefälliges, komische Opern und Pantomimen für das Publikum. Musik und Tanz standen stets im Mittelpunkt des Bühnengeschehens. Im 19. Jahrhundert feierten schließlich auch Operetten Premiere, im 20. Jahrhundert widmeten sich die Verantwortlichen den Musicals. Um das heutige Gebäude im Art-déco-Stil vor der immer wieder drohenden Schließung zu retten, kaufte Andrew Lloyd Webber das Theater im Jahr 1993 und führte zunächst »Sunset Boulevard« auf, später dann »Cats«. Bis August 2014 wurde »The Bodyguard« gezeigt, ein Musical basierend auf dem Film mit Whitney Houston und Kevin Costner.

Das heutige, rekonstruierte Adelphi Theatre wurde 1930 eröffnet und verfügt über ein Interieur im Art-déco-Stil (große Bilder). Im rot bestuhlten Zuschauerraum haben 1500 Gäste Platz (oben links), in früheren Zeiten waren es sogar etwa 2000 Plätze. Oben ganz links: Nur der Eingangsbereich ist modern und mit viel Glas gestaltet, alles andere ist historisches Ambiente geblieben.

SOMERSET HOUSE

Den einstigen Sitz einer Steuerbehörde in einen Hort der Kunst, Kultur und Unterhaltung zu verwandeln, war ein genialer Schachzug. Das Somerset House hat diesen Wechsel mit Bravour geschafft. Das klassizistische Gebäude wurde Ende des 18. Jahrhunderts als Sitz für akademische und königliche Gesellschaften und somit als erstes Gebäude für den »öffentlichen Dienst« errichtet. Die vielen kulturellen Einrichtungen haben die Londoner im Handumdrehen für das Haus eingenommen. Drei Kunstmuseen sind hier untergebracht: Das Courtauld Institute of Art mit Werken Alter Meister und impressionistischen Gemälden, die Gilbert Collection mit Kunsthandwerk und die Hermitage Rooms mit Exponaten aus der Eremitage in St. Petersburg. Highlight ist jedoch der Innenhof, der im Sommer 55 Wasserfontänen sprudeln lässt und im Winter zur schönsten Eisbahn Londons wird.

Kultur pur: Das Somerset House bietet nicht nur klassische Kunst, sondern auch ganzjähriges Vergnügen für das Volk, wie ein Open-Air-Kino und Rockkonzerte im Sommer. Hinzu kommen Kunstausstellungen, literarisch hochkarätige Lesungen, Bildungsveranstaltungen und ein Terrassenrestaurant mit Cocktailbar. Man kann aber auch einfach entspannt im Hof um den schönen Brunnen flanieren.

COVENT GARDEN

Covent Garden war seit dem 17. Jahrhundert ein Zentrum des Volksvergnügens. Es begann mit dem großen Markt, der heute noch zahllose Schau- und Kauflustige anzieht. Doch bald schon gab es allerlei Unterhaltungseinrichtungen und fahrende Künstler. Im 18. Jahrhundert erwies sich die »Bettleroper« von John Gay, ein Stück, das im Gegensatz zur höfischen Oper das einfache Volk unterhalten sollte, als ein solch großer Erfolg, dass ein erstes Theater gebaut wurde, das Theatre Royal, das in der Folge als Inbegriff der großen, aber volksnahen Kunst galt. Die jüngste architektonische Version des Theaterhauses ist die Royal Opera, die zu den bedeutendsten Opernhäusern der Welt gehört. Der eigentliche Stadtteil Covent Garden ist heute ein großes Amüsierviertel, das Unterhaltung in alter Tradition für jeden Bedarf und vor allem für die breite Masse bietet.

Der alte Covent Garden Market, heute Covent Garden Piazza, ist ein glasüberdachtes Gebäude mit einer überwältigenden Auswahl an Boutiquen und Cafés, während auf dem offenen Platz Straßenkünstler die Passanten unterhalten. Besonders zur Weihnachtszeit ist die Markthalle (großes Bild) sowie der Platz davor (links) ein Publikumsmagnet mit aufwendiger Dekoration, unter der auch mal Verlobungen stattfinden.

ROYAL OPERA HOUSE

Es ist die Heimat des Royal Ballet, der Royal Opera und des gleichnamigen Orchesters – das Royal Opera House. Es ist das bedeutendste britische Opernhaus und stellt von »Manon« über »Rigoletto« bis zum »Barbier von Sevilla« alles auf die Bühne. Auch moderne Inszenierungen und neue Stücke. Es gibt verschiedene Restaurants und eine Bar im Royal Opera House, einen Geschenke-Shop, Ausstellungen und geführte Touren – natürlich mit Blick hinter die Bühne. Im Jahr 1732 wurde das erste Theater an selber Stelle eröffnet, es hieß Theatre Royal. 1808 brannte es ab, schon ein Jahr später feierte es Wiedereröffnung mit »Macbeth«. Es entwickelte sich zu einem Theater für Oper und Ballett. Nachdem es Mitte des 19. Jahrhunderts erneut abgebrannt und wieder aufgebaut worden war, heißt es seit 1892 offiziell Royal Opera House, sein Repertoire wird ständig erweitert.

Vor dem Eingang des Royal Opera House in der Bow Street erinnert eine grazile Statue an die klassische Balletttänzerin und Gründerin des Royal Ballet Ninette de Valois (großes Bild). Bis 1963 leitete sie das Royal Ballet. Ebenso beliebt wie berühmt sind die Theater- und Opernaufführungen des Hauses. Bildreihe oben von links: Das Drama »Maria Stuart« von Schiller und Mephisto bei »Faust« von Goethe.

TRAFALGAR SQUARE

Auf dem Trafalgar Square scheint sich die gesamte Geschichte des einstigen britischen Empire zu konzentrieren, hier spiegelt sich auch die Gegenwart des Landes mit all seinen Facetten. Der Platz im Herzen des West End wurde nach einer der wichtigsten Schlachten der Engländer gegen Napoleon benannt. Bei Trafalgar im südwestlichen Spanien schlug die britische Flotte die Armada aus spanischen und französischen Kriegsschiffen. Blickfang des Platzes ist die Gedenksäule Lord Nelsons, der in besagter Schlacht sein Leben verlor. Die Bronzelöwen zu Füßen des Monuments sollen aus dem Metall der erbeuteten französischen Kanonen gegossen worden sein. Aber trotz aller Glorie, oder gerade deswegen, finden auf dem Platz auch die wichtigsten Demonstrationen und die größten Partys statt, so die Silvesterfeier, bei der die Londoner öffentlich das neue Jahr begrüßen.

Die National Gallery mit ihrer klassizistischen Fassade flankiert den Platz (links). Zentrum ist die 51 Meter hohe Nelsonsäule (großes Bild) vor der Fassade der National Gallery – beliebter Treffpunkt der Touristen. Nördlich der Säule befinden sich zwei Brunnen, die ebenfalls dem Gedenken zweier britischer Admirale gewidmet sind, die an der Schlacht am Trafalgar beteiligt waren (beide Bilder).

Die National Gallery am Trafalgar Square wurde anders als die meisten europäischen Galerien, die für die Öffentlichkeit konzipiert waren, erst relativ spät gegründet. Dafür ist sie aber das einzige Museum seiner Art, das nicht auf eine königliche oder fürstliche Sammlung zurückgeht. 1824 kaufte die britische Regierung 38 Gemälde aus der Sammlung des verstorbenen Bankiers John Julius Angerstein, die sie in dessen Stadthaus in der Pall Mall ausstellte. 1838 schließlich wurde der Neubau am Trafalgar Square eröffnet – als ein Ort, der allen Bevölkerungsschichten zugänglich sein sollte, keineswegs nur den privilegierten Kunstkennern. In den Hallen sind stets um die 2000 Gemälde aller europäischen Schulen und Epochen ausgestellt, darunter einige der bedeutendsten Werke von Künstlern wie Vincent van Gogh, Monet, Leonardo da Vinci, Cézanne und Tizian.

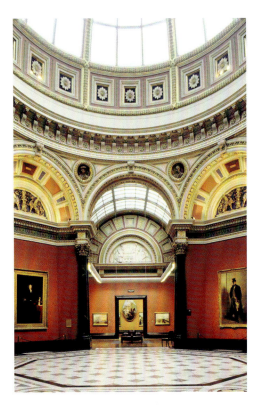

Das Gebäude der Nationalgalerie wurde im Jahr 1837 erbaut und aufgrund von Platzmangel schon ab 1872 durch einen Ostflügel, und zuletzt 1991 mit dem Sainsbury-Flügel, erweitert. Das viktorianische Gebäude ist eine Sehenswürdigkeit für sich. Das Innere birgt berühmte Bilder wie die »Arnolfini-Hochzeit« von Jan vn Eyck oder die »Geldeintreiber« von Marinus van Reymerswaele (Bildreihe von oben).

NATIONAL PORTRAIT GALLERY

Hier hängen sie alle: Die berühmten Personen Großbritanniens. Auf die Leinwand verewigt und in edle Rahmen eingefasst. Oft sind sie auch in voller Größe in der National Portrait Gallery zu sehen, in stattlichem Ornat oder auf ein Sitzmöbel drapiert. Das Kunstmuseum gibt es seit 1856 am St Martin's Place, später zog es in ihr derzeitiges Gebäude direkt neben der National Gallery und wurde im Laufe der Jahre zweimal erweitert. Eines der ers-

ten Bilder für diese Ausstellung ist das Porträt von William Shakespeare. Aber auch die Fotografie spielt in der Galerie eine große Rolle. Die Sammlung enthält rund 250 000 Original-Fotos, die ältesten sind in den 1840er-Jahren entstanden. Alte Schwarz-Weiß-Fotos von Stars wie Vivien Leigh oder Alec Guinness sind ebenso zu sehen wie aktuelle Berühmtheiten, beispielsweise das Model Kate Moss oder Herzogin Kate.

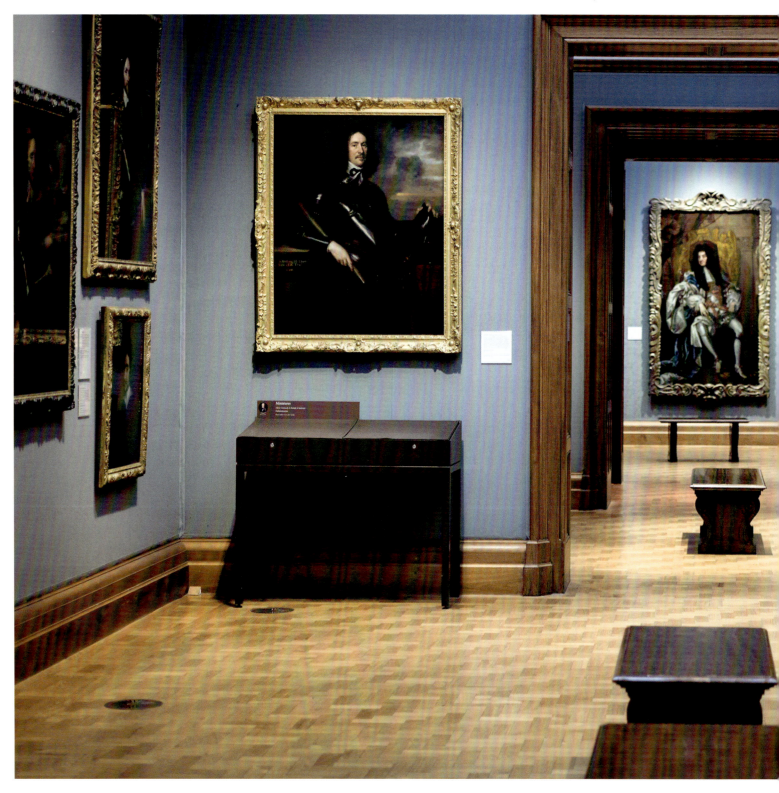

Beliebt sind in der Portrait Gallery die Königs-bilder, ein wahres »Who is Who« der britischen Monarchie. Spannend sind die Porträts von Persönlichkeiten der britischen Geschichte (großes Bild), darunter Zeichnungen, Skulpturen und sogar Karikaturen. Bildreihe von oben: das Armadaporträt von Königin Elisabeth I.; König Heinrich VIII. Links: Auch moderne Fotografien werden heute gezeigt.

LEICESTER SQUARE

Der Earl of Leicester, der sich hier im 17. Jahrhundert einen kleinen Palast baute und Anwohnern vergeblich zu verbieten versuchte, sein Land zu betreten, würde sich im Grab umdrehen: Der Leicester Square ist heute ein verkehrsberuhigtes Zentrum des Londoner Nachtlebens und der Schickeria, jedenfalls jener der Filmwelt. Hier finden die großen Filmpremieren statt, wo sich Stars auf dem roten Teppich inszenieren und der europäische Erfolg großer Produktionen entschieden wird; und hier konzentrieren sich die Nachtclubs für all jene, die dazugehören wollen. Jenseits der großen Events und des glamourösen Nachtlebens jedoch tummeln sich um den Platz Besucher, die nach dem Flair der großen weiten Welt suchen, und Straßenmusiker, Prediger jeglicher Couleur sowie andere Unterhalter, die vom Blitzlicht der Paparazzi nur träumen können.

Der größte Reiz am Leicester Square ist es, Leute zu beobachten, wozu die vielen Straßencafés und Parkbänke ausreichend Gelegenheit bieten. Es sind zwar in der Regel nur alltägliche Londoner oder Touristen, die sich hier tummeln, aber wer weiß, ob nicht doch ein Filmstar auftaucht. Die eigenen 15 Minuten Ruhm kann sich jedoch hier jeder gönnen, und sei es auch nur dank der Porträtmaler rund um den Platz.

SOHO

Soho gehört sicherlich zu den lebendigsten Stadtvierteln von ganz London, eine überaus faszinierende Mischung aus zahlreichen Kulturen und unterschiedlichsten Bevölkerungsschichten, aus Kommerz und Wohnen, aus vibrierendem Nachtleben und sogar einem kleinen Hauch dörflicher Idylle, aus großstädtischen Bewohnern und zahlreichen Touristen, aus Kultur in all ihren Facetten und zwielichtigen Etablissements. Doch diese vielfältige Mischung hat eine lange Tradition. Denn schon immer ließen sich hier überwiegend Künstler, Schriftsteller und Musiker nieder, die ihr zweifellos vorhandenes Talent oft genug in den zahlreichen Spelunken, Bars und Pubs vertranken und wohl auch deswegen nie zu großem Ruhm gelangten. Aber auch Berühmtheiten lebten oder arbeiteten zumindest zeitweise in Soho, von Wolfgang Amadeus Mozart über Karl Marx bis hin zu Rockmusikern wie Jimi Hendrix und Eric Clapton oder der Punkband Sex Pistols. Wegen der Verrufenheit des Viertels wählte Bertolt Brecht Soho als Schauplatz für sein Theaterstück »Die Dreigroschenoper«, die unter der Musik von Kurt Weill 1928 ihre Uraufführung erlebte. Heute ist dieses Stadtviertel weitgehend ein Amüsier-, Kultur- und Shoppingzentrum, das seine Identität als Szeneviertel unvermindert bewahren konnte.

Highlife und Nightlife: Soho hatte über 200 Jahre lang den Ruf als Rotlichtviertel mit einer hohen Dichte an Striptease-Läden sowie Prostituierten. Heute konzentriert sich die Sex-Industrie nur noch auf einen kleinen Teil Sohos, hauptsächlich um die Berwick und die Brewer Street. Die zweifelhaften Kaschemmen von einst wurden in weiten Teilen des Viertels von Cocktailbars, Cafés und Tanzclubs verdrängt.

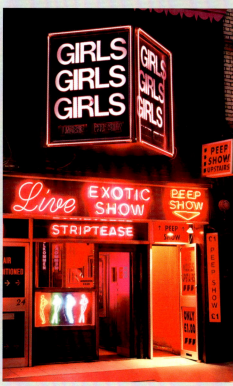

The Great Windmill Street ist eine bekannte Straße von Soho, die von zahlreichen Pubs und Clubs gesäumt wird.

CHINATOWN

Anders als der Name suggeriert, ist Chinatown kein ganzer Stadtteil mit chinesischer Bevölkerung, sondern lediglich eine Ecke in Soho um die Lisle und Gerrard Street. Soho war seit jeher ein Ort der Immigranten aus aller Welt, die chinesische Gemeinde ließ sich jedoch erst in den 1970er-Jahren hier nieder und brachte mit ihren Restaurants und Geschäften einen Hauch des Fernen Ostens in das Viertel. Zu danken war dies dem zunehmenden Geschmack der Engländer für chinesische Küche. Der Erfolg der ersten Restaurants zog weitere Chinesen aus dem East End nach Soho, die hier ihr Glück versuchen wollten. Viele holten ihre Verwandten meist aus der ehemaligen britischen Kolonie Hongkong nach London, die chinesische Gemeinde wuchs und mit ihr das kulturelle Selbstbewusstsein. Heute ist Chinatown ein fester Bestandteil des multikulturellen London.

Kaum zu glauben, dass dies London ist: Imbiss-buden, Supermärkte und Restaurants bieten exotische Gerichte und Zutaten, die über die europäisierte chinesische Küche weit hinausge-hen. Die Straßenschilder sind zweisprachig und die Fassaden mit chinesischem Dekor bestückt, besonders prächtig zum chinesischen Neujahrs-fest, das zu einem der Höhepunkte im Fest-kalender Londons gehört (großes Bild).

SHAFTESBURY AVENUE

Die Shaftesbury Avenue ist eine verkehrsreiche Durchgangsstraße, die nur wenig zum Bummeln einlädt. Aber nachts, wenn die bunten Lichter erstrahlen, ist sie das Zentrum der Londoner Theaterwelt, das Herz des West End, mit einigen der bedeutendsten Bühnen der Stadt. Die meisten Theaterhäuser konzentrieren sich auf der Strecke zwischen Piccadilly Circus und Charing Cross Road, darunter auch das Gielgud, das Apollo und das Lyric Theatre. Letzteres steht ebenso wie das Apollo Theatre unter Denkmalschutz. Es wurde bereits im Jahr 1888 als Operettenhaus eröffnet und bietet heute Komödien und Musicals. Auch das Gielgud Theatre wurde als Operettenhaus eröffnet, konzentriert sich heute aber auf ernstes Schauspiel. Die größte Bühne ist jedoch das Palace Theatre, das einst dem Musical-Mogul Andrew Lloyd Webber gehörte, der es an NIMAX verkaufte.

Das Queen's Theatre (links) war die Bühne der großen Stars, in der einst Alec Guinness und Kenneth Branagh auftraten. Seit 2004 läuft hier »Les Misérables« nach dem Roman von Victor Hugo. Zuvor wurde das Musical 18 Jahre lang im Palace Theatre in der gleichen Straße aufgeführt – es ist das am längsten laufende Musical im West End. Das Lyric Theatre ist die älteste Bühne in der Straße (großes Bild).

Die meisten Fassaden der Shaftesbury Avenue sind mit Neonlichtern beworben, nur vereinzelt ragen die unverkleideten, alten Fronten heraus.

THEATERSZENE WEST END

Wenn sich in einem der großen Theater Londons der Vorhang hebt, kann man gewiss sein, dass man erste Qualität und so manchen Film- und Fernsehstar zu sehen und zu hören bekommt. Und wenn sich der Vorhang wieder senkt, rauscht begeisterter Applaus auf. Die Londoner sind leidenschaftliche Theaterbesucher, aber auch sehr anspruchsvoll. Mittelmaß hat hier keine Chance. Glitzerndes Zentrum der Londoner Theaterszene ist das West End mit seinen über 50 großen Theatern, einstmals traditionelle Häuser mit nun überwiegend kommerziellen Produktionen, die oft eine recht lange Laufzeit haben. Legendär ist das Stück »Die Mausefalle«, das 26 Jahre lang lief. Heute sind es überwiegend Musicals, die zum Publikums- und Dauerrenner geworden sind. Doch auch die große Kunst, meist staatlich subventioniert, ist hier angesiedelt, wie das Coliseum Theatre, das der English National Opera als Stammhaus dient. Zahllose weitere Theatergruppen bieten außerhalb des Theaterlands im West End großartige Unterhaltung jeglicher Sparte, oft in alten Traditionshäusern, manchmal in modernen Betonbauten und gelegentlich auch im Hinterzimmer eines Pubs. Für Theaterfreunde ist London ein Dorado – und für die Künstler manchmal das ersehnte Sprungbrett zum Weltruhm.

Das Her Majesty's Theatre am Haymarket ist für seine Dauervorstellung »Phantom der Oper« bekannt (großes Bild). Oben von links: Agatha Christie's »Mausefalle« im St. Martin's Theatre ist das am längsten ununterbrochen aufgeführte Theaterstück der Welt; Performance im Savoy Theatre. Unten: Das Palace Theatre wirbt mit großformatigen Musical-Werbungen für »Les Misérables« oder »Singin' in the Rain«.

PICCADILLY CIRCUS

Auf den Piccadilly Circus münden fünf verkehrs-reiche Straßen, darunter Haymarket, Shaftesbury Avenue und Regent Street. Der weitläufige Platz gilt daher als Entrée in die Londoner Vergnügungs-viertel West End und Soho und in die größeren Ein-kaufsstraßen. Wegen der zentralen und verkehrs-günstigen Lage an der viel befahrenen Piccadilly Line ist er deshalb auch seit jeher ein beliebter Touristentreffpunkt. Schön ist er eigentlich nicht und zudem stets laut und belebt. Doch sein Ruf als glitzernder Mittelpunkt des Londoner Nachtlebens ist nicht unterzukriegen. Ab 1923 war der Platz an allen Ecken von riesigen Leuchtreklametafeln umgeben, die bei Dunkelheit mit ihrem Blinken un-endliche Möglichkeiten des Konsums versprachen. Heute ist lediglich noch eine Ecke mit riesigen Werbetafeln bestückt, Teile des Platzes sind inzwi-schen verkehrsberuhigt.

Der Brunnen im Zentrum des Platzes wurde 1892 für den philanthropischen Grafen Shaftesbury errichtet, allerdings mit einer Statue obenauf, die damals einiges Naserümpfen hervorrief – sie ist nämlich nackt (großes Bild). Viktorianisch diskret wurde sie als Engel der christlichen Barmherzigkeit bezeichnet, doch die Londoner nannten sie seit jeher unverdrossen Eros. Tatsächlich stellt sie aber Anteros dar.

FORTNUM & MASON

Fortnum & Mason ist der Inbegriff englischer Einkaufskultur der oberen Zehntausend. Seit über 150 Jahren ist das 1707 gegründete Haus königlicher Hoflieferant und das nicht nur mit Delikatessen aus aller Welt. Das Traditionsgeschäft hat als erstes exotische Lebensmittel aus dem wachsenden britischen Empire importiert und auch Fertiggerichte für das hochherrschaftliche Picknick, wie Wild in Aspik oder zartes Gebäck, zubereitet. Auch war es Pionier bei der Entdeckung einer einstmals kulinarischen Neuheit, die heute billige Massenware ist: eingedoste gebackene Bohnen eines gewissen Herrn Heinz aus Amerika. Es gab sogar einen Service für Forscher, die neue Welten erkunden, aber nicht auf Räucherlachs und Champagner verzichten wollten. Berühmt sind nicht nur die ausgesuchten Teesorten von Fortnum & Mason, sondern vor allem die Geschenk- und Picknickkörbe für die feine Gesellschaft, die in der exklusiven Kategorie bis zu mehreren tausend Pfund kosten können. Heute verkauft das Kaufhaus auch andere Waren, wie Parfüms, Kerzen, Bedarf für die Gartenparty, Kleidung für den Landadel oder exquisites Teegeschirr samt Etageren für den High Tea. Alles das natürlich in gediegener Qualität und preislich unverbrüchlich an der Oberschichtkundschaft orientiert.

Die Schaufensterdekorationen des Edelkaufhauses zählen zu den opulentesten ganz Londons. Aber auch die Innenausstattung verströmt luxuriöse Eleganz. Das spektakuläre Atrium (links) wurde erst 2007 nach einem Umbau eingefügt, über den die Kundschaft noch immer geteilter Meinung ist. Vielen erschien er als ein Verlust des alten Charmes. Andere hingegen schätzen die Verjüngung des Traditionshauses.

WHITEHALL/BANQUETING HOUSE

Whitehall ist das Zentrum der britischen Regierungsmacht, ein Stück Prachtstraße, das vom Parlamentsgebäude nordwestwärts führt und von zahlreichen Regierungsgebäuden gesäumt ist, darunter das Verteidigungs-, das Finanz-, das Gesundheits- und das Außenministerium. Einst war es die Straße zwischen dem Palace of Westminster und dem Palace of Whitehall, der zu seiner Glanzzeit das größte Schloss Europas war. Als Königspalast diente er seit 1049, seit 1530 unter Heinrich VIII. auch als Hauptresidenz in London. Der Palast brannte 1698 nieder, nur das 1622 fertiggestellte Banqueting House überstand als einziges vollständiges Gebäudeteil. Es ist Englands erstes klassizistisches Bauwerk, entworfen von Inigo Jones, der sich vom venezianischen Architekten Palladio inspirieren ließ und somit den palladianischen Stil nach England brachte.

Der Bankettsaal (links) reicht über zwei Stockwerke und ist von einer Zuschauergalerie gesäumt. Der Saal diente für Bankette und andere Veranstaltungen. Die Kassettendecke wurde von Rubens gemalt und stellt die Verklärung Jakobs I. dar, dessen Sohn Karl I. das Werk in Auftrag gegeben hatte. Unten: Die Reiterstatue von König Karl I. blickt Richtung Whitehall, wo er 1649 hingerichtet wurde.

HORSE GUARDS PARADE

Jeden Morgen zelebriert die berittene königliche Leibwache ihren Wachwechsel – ein Spektakel, das ebenso beliebt ist wie das vor dem Buckingham Palace. Die Horse Guards Parade, ein Paradeplatz in Whitehall, blieb bis auf wenige Ausnahmen seiner Geschichte treu. Ursprünglich war es der Turnierplatz Heinrichs VIII., aber erst 1755 wurde das Gebäude für die königliche Leibwache und ihren Paradeplatz errichtet. Seither gilt er als offizieller Eingang zu den königlichen Residenzen. Neben dem täglichen Wachwechsel finden hier auch diverse andere zeremonielle Veranstaltungen statt, darunter auch das »Trooping the Colour« zu Ehren des offiziellen Geburtstages der Königin. 2009 wurde hier erstmals auch die Meisterschaft für Polo veranstaltet. Weiter wurde der Platz bei den Olympischen Spielen 2012 für den Beach-Volleyball-Wettkampf genutzt.

Die berittene königliche Leibwache (links unten) hat heute nur noch zeremonielle Aufgaben, auch wenn sie Teil der britischen Armee ist. Der Wachwechsel findet jeden Tag um 11 Uhr statt (sonntags um 10 Uhr). Zwölf berittene Soldaten reiten von der Hyde-Park-Kaserne hierher und treffen auf ihre Vorgänger. Unten und links: Die Grenadier Guards mit ihren traditionellen Bärenfellmützen zu »Trooping the Colour«.

DOWNING STREET 10

Nr. 10 Downing Street sieht nicht sehr nach einem Regierungssitz eines der einst mächtigen Empires aus, eher wie eines der typischen georgianischen, wenn auch feineren Reihenhäuser. Tatsächlich besteht das Gebäude eigentlich aus ursprünglich drei Häusern mit drei Stockwerken und etwa 60 Zimmern. Die eher schlichte Fassade mag vielleicht dem Ursprung der britischen Demokratie geschuldet sein. Im 18. Jahrhundert war der Backsteinbau im Besitz des preußischen Gesandten, des Grafen von Bothmer aus Mecklenburg. Nach dessen Tod übereignete es der hannoveranisch-englische König Georg II. dem Minister Walpole und es ist seither der Sitz des britischen Premierministers. Der scheinbar bescheidene Regierungssitz mit dem typischen »Bobby« vor der Haustür ist jedoch ein Hochsicherheitstrakt, der für Normalsterbliche nicht ohne Weiteres zu besichtigen ist.

Eher unscheinbar wirkt der Wohn- und Amtssitz des First Lord of the Treasury, des britischen Premierministers, von außen (unten). Dahinter verbergen sich jedoch zahlreiche Räume – vom Sitzungssaal des Kabinetts im Erdgeschoss bis zu den Wohnräumen im ersten und zweiten Stock. Die Empfangsräume sind mit Gemälden von Anthonis van Dyck, George Romney und William Turner geschmückt (links).

FOREIGN OFFICE

Eigentlich heißt es Foreign and Commonwealth Office, aber umgangssprachlich wird es nur Foreign Office genannt. Es ist das Außenministerium Großbritanniens und damit eines der wichtigsten und einflussreichsten Ministerien der Regierung. Architekt George Gilbert Scott ließ das Gebäude in den Jahren 1861 bis 1868 in klassischem Stil mit Einflüssen aus der italienischen Renaissance errichten. Es gibt Suiten und Säle für Bankette und Zeremonien, in der Vergangenheit waren vier verschiedene Behörden in dem Haus untergebracht: das Außenministerium (Foreign Office), das India Office (Ministerium für Britisch-Indien), das Colonial Office und das Home Office. 17 Jahre lang wurde es bis 1997 renoviert, die Kosten dafür betrugen rund 100 Millionen Pfund. Besucher können das Foreign Office einmal im Jahr bei einem Tag der offenen Tür besichtigen.

FOREIGN OFFICE

Der Durbar Court (ganz links) im Herzen des India Office ist das Meisterstück des britischen Architekten und Kunsthistorikers Matthew Digby Wyatt. Die Treppenstufen sind aus griechischem, italienischem und belgischem Marmor gefertigt. Die Deckengewölbe des India Office sind mit Ornamenten reich geschmückt (links und links unten). Ein großes Wandgemälde zeigt die personifizierte Britannia (unten).

WESTMINSTER PALACE

Die neugotische Fassade des Westminster Palace mit seinen charakteristischen Türmen, darunter auch der Glockenturm Big Ben, erweckt den Eindruck, als habe sie sich schon seit dem Mittelalter in der Themse gespiegelt. Tatsächlich befand sich seit dem 11. Jahrhundert an dieser Stelle ein Herrschaftssitz. Das heutige Gebäude, zusammen mit der Westminster Abbey eine Welterbestätte der UNESCO, wurde jedoch erst Mitte des 19. Jahrhunderts errichtet, nachdem ein Vorgängerbau einem Feuer zum Opfer gefallen war. Einzige erhaltene Teile aus dem Mittelalter sind der Jewel Tower und die Westminster Hall, die nur noch zu zeremoniellen Zwecken genutzt wird. Der größte Parlamentsbau der Welt mit seinen über 1100 Räumen, 100 Treppenhäusern und Fluren von insgesamt drei Kilometern Länge ist Sitz der britischen Volksvertretung.

WESTMINSTER PALACE

Die Reiterstatue von Richard Löwenherz (großes Bild) wacht vor der Palastfassade. Im Robing Room mit Thron (ganz unten) kleidet sich die Monarchin in die Staatsrobe und schreitet dann durch die Royal Gallery (unten) zur Parlamentseröffnung. Die Wahrzeichen des Stadtviertels sind bei Sonnenuntergang am markantesten (links): die Westminster Bridge mit Big Ben und Westminster Palace.

HOUSE OF LORDS/HOUSE OF COMMONS

Seit dem 16. Jahrhundert residieren das House of Commons (Unterhaus) und das House of Lords (Oberhaus) im Palace of Westminster. Ursprünglich hatte das Oberhaus weitaus mehr Macht als die gewählten Parlamentarier. Erst ab dem 19. Jahrhundert hat sich das Machtgefüge allmählich verschoben. Die Lords, zu denen auch Kirchenfürsten und Richter gehören, können heute lediglich Gesetzgebungen verzögern, aber nicht verhindern. Das State Opening, die jährliche Eröffnung der Sitzungsperiode des Parlaments, gehört seit über 500 Jahren zu den schillerndsten Zeremonien in England. Die Königin im vollen Staatsornat verliest im Sitzungssaal der Lords eine vom Kabinett verfasste Rede zum Regierungsprogramm. Fast alle Zuhörer, zu denen auch Botschafter, Richter und Regierungsmitglieder gehören, tragen ihre Parlamentsroben oder landestypische Kleidung.

Die Farbgebung macht den Unterschied: Der Ratssaal des House of Lords (Lords Chamber, großes Bild) mit prachtvoll verziertem Thron, in dem das State Opening stattfindet, hat rote Bänke, der etwas nüchterner gehaltene Saal der Parlamentarier grüne (links). Die Sitzordnung im Unterhaus ist klar gegliedert: Auf der einen Seite sitzt die Regierungspartei, auf der gegenüberliegenden die Opposition (ganz links).

STATE OPENING

Queen Elizabeth II. hat seit ihrer Thronbesteigung 1952 in jedem Jahr diese feierliche Zeremonie zusammen mit ihrem Ehemann Prinz Philip eröffnet, mit Ausnahme zweier Jahre, in denen sie schwanger war. Denn das State Opening of Parliament hat in Staaten des Commonwealth eine besondere Bedeutung und folgt außerdem einem strengen Hofzeremoniell. Der jeweilige Monarch verliest dabei eine Regierungserklärung, die von der britischen Regierung verfasst worden ist. Und das schon seit dem 16. Jahrhundert. Auch in den Regionalparlamenten von Schottland und Wales sind König oder Königin bei der Parlamentseröffnung anwesend, während in den anderen Staaten des Commonwealth lediglich Vertreter des Königshauses dabei sind. Kurioses Vermächtnis: Es gibt eine Zeremonie, die der eigentlichen vorausgeht. Jedes Mal findet zunächst eine zeremonielle Durchsuchung des Kellers im Westminster-Palast durch die Yeomen of Guard, die Leibgarde des Monarchen, statt. Damit wollen die Briten an den Gunpowder Plot aus dem Jahr 1605 erinnern, als katholische Engländer versucht hatten, das Parlament in die Luft zu sprengen. Dazu benutzten sie Schwarzpulver, das in den Kellergewölben lagerte. Sie wollten den protestantischen König mitsamt seinen Adligen töten – das Attentat schlug jedoch fehl.

So beginnt die Zeremonie: Die Monarchin fährt mit der Kutsche vom Buckingham Palast zum Parlamentsgebäude (oben) und betritt es durch den »Eingang des Souveräns«. Seit 1952 hält Queen Elizabeth II. die Feierlichkeiten ab, dazu trägt sie den Hermelinumhang mit Samtschleppe (Mitte und rechts) sowie die Krone, die in einer eigenen Kutsche vom Tower of London dorthin gefahren wird.

BIG BEN

Auch er ist eines der Wahrzeichen Londons: Big Ben, der berühmte Glockenturm am Westminster Palace. Mit fast 100 Metern Höhe und einer Spitze aus Gusseisen hatte er damals alle Höhenrekorde gebrochen. Die schwerste seiner fünf Glocken wog beim ersten Aufhängen im Jahr 1857 ganze 17 Tonnen und war damit drei Tonnen schwerer als berechnet. Sie riss und wurde eingeschmolzen. Die neue wiegt knapp 14 Tonnen – und hält noch immer. Sie schlägt seit 1858 jedem Londoner und allen Besuchern die volle Stunde, und zwar mit der Melodie einer Arie aus Händels »Messias«. Die vier kleineren Glocken läuten zu den Viertelstunden. Der Glockenturm selbst hieß bis 2012 »The Clock Tower«. Dann hat man ihn zu Ehren des 60. Thronjubiläums der Queen in »Elizabeth Tower« umbenannt. Einst war im Turm ein Gefängnis untergebracht, das zuletzt 1880 einen Insassen hatte.

Großes Bild: Der Elizabeth Tower steht am Nordende des Parlamentsgebäudes, einem Palast der Neugotik. Der 96,3 Meter hohe Turm beherbergt fünf Glocken, die größte und schwerste von ihnen ist der berühmte Big Ben, was meist als Synonym für den ganzen Turm verwendet wird. Links: Die vier Zifferblätter der Uhren haben einen Durchmesser von sieben Metern, die Stundenzeiger sind drei Meter lang.

WESTMINSTER ABBEY

Einzigartig ist dieses Gotteshaus, das offiziell Stiftskirche St. Peter heißt, nicht nur wegen seiner großartigen Architektur, sondern vor allem wegen seiner bedeutungsvollen Symbolik. Seit Wilhelm dem Eroberer wurden in dieser Kirche bis auf wenige Ausnahmen alle Monarchen Englands gekrönt – traditionell vom Erzbischof von Canterbury – und viele fanden hier auch ihre letzte Ruhestätte. Auch die Grabmale weiterer historischer Persönlich-keiten, darunter bedeutende Schriftsteller, Künstler, Wissenschaftler und Politiker, sind hier zu finden. In der Westminster Abbey begraben zu werden war und ist bis heute die höchste Auszeichnung. Das Bauwerk selbst ist eine Mischung aus vielen Stilen, da im Lauf der Jahrhunderte etliche An- und Umbauten hinzugefügt wurden. Dennoch gilt der Bau als edelstes Beispiel der englischen Gotik – und als schönstes Bauwerk Londons.

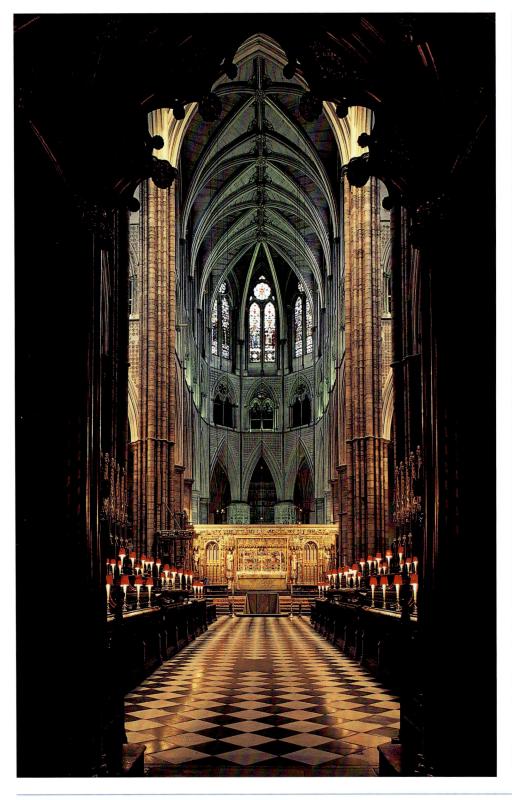

Das Kirchenschiff der Westminster Abbey mag zwar mit zehn Metern recht schmal sein, ist aber das höchste Englands und wirkt damit umso erhabener. Architektur und Ausstattung bieten noch heute einige der wunderschönsten Beispiele mittelalterlicher Baukunst, da sie von der Auflösung oder Zerstörung der Abteien unter Heinrich VIII. verschont blieb. Heute ist sie mehr nationales Museum als Gotteshaus.

Die Lady Chapel oder auch Henry VII Chapel gilt als das letzte Meisterwerk englischer Architektur des Mittelalters. Die Kapelle am hinteren Ende der Westminster Abbey wurde zwischen 1503 und 1519 im Auftrag von König Heinrich VII., dem ersten Monarchen der Tudor-Dynastie, errichtet und ist vom Hauptschiff durch ein Messingtor und Treppen getrennt. Er ist zusammen mit seiner Frau Elisabeth von York hinter dem Altar beerdigt. Hinrei-

ßendstes Detail der Kapelle ist das spektakuläre Fächergewölbe, dessen Baumeister heute unbekannt sind. Die Wände sind mit 95 Heiligenstatuen gesäumt, darüber hängen die Wappenfahnen der aktuellen Ritter vom Bath-Orden, deren Ernennung hier erstmals 1725 stattfand. Der Ritterschlag ist eine Auszeichnung für hohe Militärs und Beamte, die in der heutigen Zeit vom Premierminister vorgeschlagen werden.

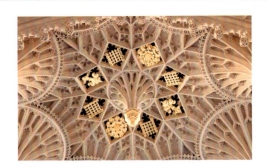

Die Kapelle ist Begräbnisstätte der Königsfamilie, hauptsächlich der Tudors. Im Nordgang ruhen Elisabeth I. und Mary I. Alle Bilder zeigen die filigran gearbeiteten Gewölbearbeiten an der Decke mit den Bannern der Ritter vom Bath-Orden (unten). Der Orden wird britischen Beamten für zivile oder militärische Verdienste verliehen. Der Name steht tatsächliche für die einstige rituelle Einführung durch ein Bad.

GRABMALE IN DER WESTMINSTER ABBEY

Die Liste der gekrönten Häupter, Adligen, Wissenschaftler, Schriftsteller, Musiker und Künstler sowie zahlreicher weiterer Honoratioren, die in der Westminster Abbey bestattet sind, ist endlos. Manche haben Prunkgrabmäler, wie Elisabeth I. (gest. 1603), andere kunstvolle Denkmäler und manche eher schlichte Gedenksteine. Der erste König, der hier seine Grabstätte fand, war auch der Erbauer der Abtei, Eduard der Bekenner (gest. 1066). Ab Heinrich III. (gest. 1272) bis hin zu Georg II. (gest. 1760) wurden sämtliche englische Monarchen hier bestattet. Weitere Aristokraten sowie die Mönche und andere Personen, die mit der Abtei in Verbindung standen, fanden nicht in der Kirche selbst, sondern auf dem Kirchengrund ihre letzte Ruhestätte. Der Dichter Geoffrey Chaucer (gest. um 1400) war der erste seiner Zunft, der in der Abtei beerdigt wurde. Heute gibt es eine Poets' Corner, eine Dichterecke, in der die Größen der englischen Literatur bestattet oder wie William Shakespeare oder Charles Dickens zumindest mit Denkmälern geehrt sind. Zu den weiteren Persönlichkeiten, die hier beigesetzt wurden, zählen u. a. der Physiker Isaac Newton (gest. 1727), dessen Grabmal im Mystikthriller »Das Sakrileg« eine Rolle spielte, der Naturforscher Charles Darwin (gest. 1882) oder der Komponist Georg Friedrich Händel (gest. 1759).

Zu den ältesten Grabmälern gehört das von Heinrich III. (oben rechts), der Westminster zum Regierungssitz machte und eine Art »Parlament« einführte, das aus 15 Adligen bestand. Auch ließ er die Westminster Abbey als Schrein für Edward den Bekenner erweitern. Eleonore von Kastilien (oben links) wurde mit Heinrichs Sohn Edward I. verheiratet und galt als starke Frau. Großes Bild: Prunkgrab von Elisabeth I.

TATE BRITAIN

Britische Kunst seit dem Jahr 1500 und bis zur Gegenwart ist in diesem Museum in einer einzigartigen Sammlung untergebracht. Im Neubau der Clore Galleries neben dem klassizistischen Haupteingang befindet sich der Nachlass des britischen Romantikers William Turner. Nach ihm ist auch der prestigeträchtige Turner-Preis benannt, der hier alljährlich jüngeren britischen Künstlern verliehen wird. Aufsehenerregend sind auch die Sonderausstellungen, die nicht nur einzelnen Künstlern gewidmet sind, sondern häufig als Studien zu diversen Themen konzipiert sind. Tate Britain entstand 1897 als National Gallery of British Art oder Tate Gallery, benannt nach dem Millionär Henry Tate, der dem Staat im 19. Jahrhundert nicht nur seine Sammlung zeitgenössischer Kunst, sondern auch einen stattlichen Betrag zum Bau eines entsprechenden Museums vermacht hatte.

Das tapetengleiche, große Wandgemälde mit feinen Goldblatt-Arbeiten des britischen Künstlers Richard Wright hing 2009 in der Tate Britain, wo er dafür den begehrten Turner-Preis gewann. Nach der Ausstellung zerstörte er das Kunstwerk als Teil seiner Performance. Bildreihe rechts von oben: L.S.Lowry's »Industrial Landscape« und moderne Bilder, die auch die Jugend ansprechen.

WESTMINSTER CATHEDRAL

Neben der historisch bedeutsamen und vielbesuchten Westminster Abbey ist die Westminster Cathedral nicht nur eine architektonische Überraschung, sondern auch eine Oase in der Hektik der Stadt. Sie ist die Hauptkirche der katholischen Gemeinde von England und Wales und Kathedrale des Erzbischofs – und meist Kardinals – von Westminster. Gebaut wurde sie 1895 als erst zweite katholische Kirche seit der englischen Reformation.

Die Innenausstattung ist ganz dem byzantinischen Stil nachempfunden. Bemerkenswert sind vor allem die glitzernden Mosaiken, aber auch die von Eric Gill geschaffenen 14 Steinreliefs des Kreuzwegs und besonders die Marmorausschmückung. 125 Marmorarten aus 24 Ländern wurden verarbeitet. Allein die Fußböden sind mit ihren wunderschönen thematisch angepassten Mustern vor allem in den jeweiligen Kapellen eine Augenweide.

Die Architektur der Kathedrale ist mit ihrem roten Backstein und weißen Steinstreifen ein Wahrzeichen in diesem Teil Londons. Der neobyzantinische Anklang ist auch an der Fassade mit den Kuppeltürmchen, Balkonen, Bogenfenstern, dem 83 Meter hohen »Campanile« und im Kircheninneren unverkennbar. Berühmt ist der Knabenchor der Kathedrale, der sich auf Renaissancemusik konzentriert.

BUCKINGHAM PALACE/VICTORIA MONUMENT

Buckingham Palace ist der offizielle Sitz der königlichen Familie, allerdings nur werktags und außerhalb der Sommerferien. Offiziell zu besichtigen ist der Palast daher nicht – außer in den Monaten August und September, wenn 19 seiner Zimmer für die Öffentlichkeit zugänglich sind. Das prachtvolle Schloss stammt im Kern aus dem Jahr 1705 und gehörte ursprünglich dem Herzog von Buckingham. 1837 beschloss Königin Victoria, dass der

St James' Palace majestätischen Ansprüchen nicht mehr genügte, und zog in den Buckingham Palace um, der in der Zwischenzeit zu einem veritablen Palast aus- und umgebaut worden war. Bis zum Beginn des 20. Jahrhunderts wurde verbessert und modernisiert. Als letzte bauliche Maßnahme wurde 1913 die Umgestaltung der Ostfassade vorgenommen, von deren Balkon die Windsors dem Volk huldvoll zuwinken.

Auf dem Platz vor der Hauptfassade des Palastes wurde 1911 das Victoria-Denkmal errichtet (links). Es ist 25 Meter hoch und wurde aus 2300 Tonnen weißem Marmor geschaffen. Die Figur der Königin Victoria schaut in Richtung Mall, die Spitze ist von einer Figur der Siegesgöttin gekrönt. Die nautische Thematik des Denkmals soll an die Seemacht England erinnern. Unten: Buckingham Palace.

THE ROYALS

Die Krönung Elisabeths II. war das erste mediale Großereignis, das als Auftakt für die Eurovision in ganz Europa im Fernsehen von Millionen Zuschauern elf Stunden lang verfolgt wurde. Das britische Königshaus bewegt auch heute die Gemüter, denn Geschichten und Skandale um seine Mitglieder beleben das Geschäft der Regenbogenpresse. Das Selbstverständnis der »Firma«, wie sich die Royals selbst bezeichnen, wird dadurch erschüttert, doch ins Wanken bringen die Medien das Haus Windsor nicht. Die Monarchin hält fest am Protokoll, bemüht sich jedoch zunehmend um Volksnähe. So kann man seit rund 40 Jahren eine wechselnde Auswahl der königlichen Kunstsammlung bewundern und ein Teil der Residenz Buckingham Palace ist in den Sommermonaten für Besucher geöffnet. Auch Kleider der Queen werden dort ausgestellt. Das Kalkül scheint aufzugehen, denn nicht zuletzt diese Einblicke veranlassten die Modezeitschrift »Vogue« dazu, die 81-jährige Elisabeth II. unter die 50 »glamourösesten Frauen der Welt« zu wählen. Fragt man die Briten selbst, würden sie ungern auf ihre Monarchie verzichten. Das Interesse der Presse richtet sich heute zunehmend auf den jungen Kronprinzen William und seinen Bruder Harry aus Prinz Charles' Ehe mit Prinzessin Diana, die 1997 bei einem Autounfall in Paris ums Leben kam.

Königin Elisabeth II. hat die Höhen und Tiefen des britischen Commonwealth durchlitten, durchlebt und ihnen majestätisch gestrotzt. Links im Bild mit ihrem Ehemann Prinz Philip, dem Duke of Edinburgh. Die Hochzeit von Prinz William und Catherine Middleton (großes Bild, rechts) war 2011 ein weltweites Medienereignis. Sein Bruder Harry (Mitte), Philip und die Queen verfolgen hier eine Flugparade.

CHANGING THE GUARD

Jeden Tag von Mai bis Juli (ansonsten jeden zweiten Tag) findet um 11.30 Uhr vor dem Buckingham Palace eines der beliebtesten Spektakel Londons statt: Changing the Guard, der Wachwechsel der Palastwache. In einer etwa 45-minütigen Zeremonie wird die alte Wache auf dem Vorplatz des Palastes mit viel Tamtam abgelöst, begleitet von einer Militärkapelle, die nicht nur Märsche spielt, sondern auch Melodien aus Filmen und Musicals und manchmal sogar Popsongs. Die Wachsoldaten werden aus einem der fünf Regimenter der Foot Guards der britischen Armee abkommandiert: den Scots Guards, den Irish Guards, den Welsh Guards, den Grenadier Guards und den Coldstream Guards. Sie alle tragen die typischen roten Jacken und Bärenfellmützen, unterscheiden sich aber jeweils durch ihre Kragenabzeichen, die Knopfanordnung an der Uniform und die Farbe und Position des Federbüschels an der Mütze. Alle Wachsoldaten sind tatsächliche Angehörige der britischen Armee, die ansonsten den üblichen Militärdienst leisten. Zwar tragen sie am Palast ihre traditionellen Uniformen, allerdings auch echte Maschinengewehre – der Wachauftrag ist schließlich ernst gemeint. Ist die Königin zu Hause, stehen vier Soldaten vor dem Palasteingang, ansonsten sind es zwei Soldaten. Auch in Windsor Castle findet ein Wachwechsel statt.

Die Soldaten mit ihren Bärenfellmützen stehen schon lange nicht mehr vor dem Gatter um den Buckingham Palace, sondern dahinter. Sie wurden zu oft von Touristen belästigt. Ein einzelner Soldat steht jedoch vor dem St James´ Palace in der Pall-Mall-Wache, neben dem sich Besucher fotografieren lassen können. Der zeremonielle Wachwechsel der königlichen Leibgarde wird musikalisch begleitet.

BELGRAVIA

Belgravia ist mit Abstand der feinste Bezirk Londons, eine grüne und vornehme Gegend mit weißen Stadtvillen und einigen der reichsten Bewohnern der Stadt. Kein Wunder: Ein Haus kostet hier um die 15 Mio. Pfund, auch eine Wohnung mehrere Millionen. Das Viertel entstand zu Beginn des 19. Jahrhunderts auf dem Grund von Richard Grosvenor, dem 2. Marquess von Westminster. Von Anfang an war es ein exklusives Wohnviertel und blieb es bis heute: Die ehemalige Premierministerin Margaret Thatcher wohnte hier, der Kunstsammler Charles Saatchi oder die Schauspielerin Joan Collins leben hier. Um den edlen Belgrave Square haben heute viele Botschaften ihren Sitz. Der größte Platz ist der Eaton Square, auf dem viele der Villen mittlerweile in Wohnungen aufgeteilt wurden. Malerisch sind vor allem die kleinen gepflasterten Straßen mit ihren hübschen Fassaden.

Die Belgrave Gallery (links) wird in Sachen Exklusivität ihrem Umfeld gerecht. Hier werden nicht nur Werke von Picasso, Rembrandt oder Roy Lichtenstein verkauft, sondern auch Zeichnungen von Nelson Mandela und Aquarelle von Prinz Charles. Die Wohnungseinrichtungen und Geschäfte (rechts unten) sind edel und exklusiv. Pubs und Straßencafes prägen in Belgravia das Straßenbild (großes Bild).

Vornehm weiße Hausfassaden säumen den Eaton Square, Schauplatz der legendären Fernsehserie »Das Haus am Eaton Place«.

HYDE PARK

Die Rolling Stones oder Pink Floyd, um nur einige der großen Rockbands zu nennen, selbst der legendäre Tenor Luciano Pavarotti sind im Hyde Park aufgetreten. In altmodischen britischen Krimis taucht der Park gelegentlich als Ort des Verbrechens auf. Noch früher duellierten sich dort gerne Gentlemen im Morgennebel, und Straßenräuber trieben gern ihr Unwesen. Heutzutage geht es in dem mit 142 Hektar größten innerstädtischen Park Londons in der Regel recht friedlich und beschaulich zu. Der Hyde Park ist im besten Sinne ein Volkspark, der erste königliche Park, welcher der Öffentlichkeit zugänglich gemacht wurde – und zumindest an seiner Nordostecke der einzige öffentliche Ort, an dem ohne Versammlungsgenehmigung Meinung geäußert werden darf. Die »Speaker's Corner« ist eine Institution, wo jeder sagen darf, was er will – per Gesetz seit 1872.

Die »Speaker's Corner« (unten rechts) wird gern benutzt. Die Redner stellen sich auf eine Kiste oder Leiter und verkünden ihre Ansichten, die alle möglichen Themen zum Inhalt haben dürfen, außer: das Königshaus! Die Menschen versammeln sich zahlreich zum Zuhören. Der Park ist aber so groß, dass jeder noch einsame Wege finden kann (links). Am schönsten ist er ganz früh am Morgen (großes Bild).

TEA TIME

»Tea at the Ritz« ist eine Londoner Institution, und zwar keine, wo man als müder Passant einfach hineinspazieren darf, um sich mit einem Tässchen Tee und einem Stück Kuchen zu erfrischen. Das Hotel Ritz selbst ist allein schon so vornehm, dass der Name im Englischen einen Begriff für äußerst vornehm schuf: »ritzy«. Und so wird von den Gästen selbstverständlich formelle Kleidung erwartet. Im Teesalon des Ritz, dem Palm Court, werden im allerfeinsten Ambiente den gediegenen Teetrinkern klassische Spezialitäten des Afternoon Tea serviert. Dazu gehört natürlich edelster Tee in silbernen Kannen, oftmals hauseigene Mischungen, Milch und Zucker, feinstes Porzellan, und in der Regel die Etagère mit traditionellen Köstlichkeiten: kleine Sandwiches, mundgerecht und krustenlos zugeschnitten, belegt mit hauchfeinen Gurkenscheiben, Ei und Kresse, Fischpaste, Lachs oder Schinken. Daneben kleine Kuchenstücke, wie Battenbergschnittchen, ein rosa und gelber Biskuitkuchen, schwerer Früchtekuchen, Zitronenkuchen und natürlich Scones mit Marmelade und »clotted cream«, eine Art geronnener Rahm. Natürlich gibt es auch je nach Teesalon Variationen, in einfacheren Cafés auch oft weitaus schlichtere. Doch ohne diese Grundzutaten ist ein Afternoon Tea nicht wirklich englisch – und schon gar nicht ritzy.

Im Palm Court des Ritz (großes Bild) wird von den Gästen erwartet, dass sie formell gekleidet sind. Damen tragen gerne Hut, wenn auch zuweilen eher als ironische Verbeugung vor dem traditionellen Ambiente (unten rechts). Hin und wieder wird sogar zum Tanztee gebeten, was aber stets sehr britisch eine distinguierte Angelegenheit bleibt – ebenso wie das aufmerksame, aber dennoch sehr formelle Personal.

OXFORD STREET

Die Oxford Street ist ein Paradies für Kaufsüchtige: Mit über 300 Läden und Kaufhäusern auf 2,5 Kilometern Länge bietet sie alles, was das Herz begehrt – und die Kreditkarte fürchtet. Sie gilt als die größte Einkaufsstraße Europas, in der viele britische Labels ihren Hauptsitz haben, und bietet eine Mischung aus edler Designer- und populärer Massenware. Zu den Großen gehören das House of Fraser (unten links), ein Modekaufhaus, das von Armani über Moschino bis zu Wrangler alles für modebewusste Londoner bietet. Auch die amerikanische Modekette GAP (ganz unten links) hat hier ihre britische Zentrale. Das zweitgrößte Kaufhaus Londons nach Harrods ist Selfridges, das gehobene Waren verkauft. Auch Marks & Spencer ist hier vertreten, ein Kaufhaus, dessen Lebensmittelabteilung überwiegend auf den eiligen, aber anspruchsvollen Single zugeschnitten ist.

Die Oxford Street ist eine Nebenstraße der noblen Regent Street (links) und ebenso berühmt für ihre Weihnachtsbeleuchtung, die stets werbewirksam von Prominenten eröffnet wird. Das Kaufhaus Selfridges organisiert oft Performances und Werbeaktionen, wie der Dessousmarke »Agent Provocateur«, die im Schaufenster mal einen Künstler eine nackte Frau zeichnen lässt (unten).

LONDONER TAXIS UND BUSSE

Wenn in einem Film London als Schauplatz angedeutet werden soll, sind nur Einblendungen von drei Dingen nötig: dem Big Ben, einem Black Taxi und einem roter Doppeldeckerbus – allesamt Ikonen der britischen Hauptstadt. Der rote Doppeldecker, der originale Routemaster, wurde seit den 1950er Jahren ursprünglich nur für London hergestellt. Sein Design war unverkennbar und für die Großstadt äußerst praktisch: Der Einstieg war über

eine Plattform am Heck, was es möglich machte, auch außerhalb der offiziellen Haltestellen auf den oder vom Bus zu springen. Nachteil war allerdings, dass er doppelt besetzt werden musste, ein Fahrer und ein Schaffner, und dass er für Gehbehinderte nicht zugänglich war. Der traditionelle Routemaster wurde deswegen allmählich von Niederflurbussen ersetzt, teils Gelenkbusse, teils moderne Doppeldecker. Beide waren zwar ökonomischer

und praktischer, aber nicht sehr beliebt bei den traditionsbewussten Londonern. Nur noch auf zwei historischen Strecken fährt der Routemaster, der Route 9 von der Royal Albert Hall über den Piccadilly Circus bis nach Aldwych, und der Route 15 vom Trafalgar Square über die Fleet Street bis nach Tower Hill. In den nächsten Jahren sollen jedoch wieder Routemaster die Straßen Londons befahren, allerdings in modernisierter Form.

Auch die »Black Cabs«, die typischen schwarzen Taxis Londons (links), wurden extra für die Großstadt entworfen. Sie haben einen enorm kleinen Wendekreis, viel Raum für Passagiere und eine abgetrennte Fahrerkabine. Schwarz sind sie heute nicht immer, es gibt sie in verschiedenen Farben, auch das Karosserie-design wurde modernisiert. Großes Bild: Ein Doppeldecker braust über die Piccadilly Street.

MADAME TUSSAUDS

Normalsterbliche werden selten den Berühmten dieser Welt von Angesicht zu Angesicht gegenüberstehen. In dem Wachsfigurenkabinett jedoch lächeln diese sonst so unnahbaren Gestalten ihr Gegenüber sogar freundlich an – wenn auch mit etwas starrem Ausdruck. Es gibt wohl kaum eine Person der Zeitgeschichte, ob aus Popkultur, Sport oder Politik, die nicht in Madame Tussauds Museum lebensecht nachgebildet wurde. Aber nicht nur solche eher freundlichen Gestalten warten auf den Besucher, sondern auch Serienmörder, Tyrannen und Gangster. Gründerin war Marie Tussaud aus Straßburg, die sich im 18. Jahrhundert in London niederließ, wo sie Wachsköpfe von Guillotinierten der französischen Revolution ausstellte. Ihr Enkel zog später mit der erweiterten Sammlung zum heutigen Standort, der zu einer der größten Attraktionen Londons geworden ist.

Historische Köpfe benötigen weniger Aufwand, weshalb Madame Tussauds auch nicht immer aktualisieren musste. Königin Victoria (unten rechts) blieb als alternde Witwe unsterblich. Die Popikonen der Neuzeit dürfen jedoch für immer jung und schön bleiben, bis auf Weiteres jedenfalls, wie die Beatles (ganz unten rechts) oder Kylie Minogue (großes Bild). Links: ein desillusionierender Blick in die Werkstatt.

UNDERGROUND

Die Underground, oder auch »Tube« wegen ihres röhrenförmigen Tunnels genannt, ist die schnellste Methode, um in London voranzukommen. Allerdings nicht immer die bequemste, jedenfalls auf bestimmten Strecken und zur Stoßzeit im Berufsverkehr. Eine Milliarde Menschen transportiert die Londoner U-Bahn alljährlich. Da kann es manchmal schon recht eng werden, so eng, dass die Bahnsteige oftmals geschlossen werden müssen oder Züge einfach durchfahren. Die Underground ist die älteste U-Bahn der Welt. Bereits 1863 wurde die erste Strecke zwischen Paddington und Hammersmith eröffnet und 1890 der weltweit erste Elektroantrieb für U-Bahnen eingeführt. Heute sind elf Linien in Betrieb, eine zwölfte, die East London Line, ist seit 2007 wegen Umbauarbeiten stillgelegt, soll aber 2010 wiedereröffnet werden. Die Linien sind zur besseren Orientierung alle farblich gekennzeichnet. Die längste ist mit 74 Kilometern die Central Line (rot). Ingesamt fahren die Linien über 270 Bahnhöfe auf einer Streckenlänge von rund 400 Kilometer an und bilden somit das längste U-Bahnnetz der Welt. Ein weiterer Streckenausbau ist geplant. Allerdings fahren die Züge nicht alle im Untergrund – 55 Prozent des Streckennetzes, das bis über Londons Stadtgrenzen hinausreicht, fährt auf der Oberfläche.

»Mind the gap!«« Die Warnung vor der Spalte zwischen Zug und Bahnsteig, heute bei Einfahrt eines Zugs von einer weiblichen Stimme vom Tonband gesprochen, ist zum geflügelten Wort geworden, aber immer noch sinnvoll, da in vielen der älteren Bahnhöfe der Spalt ungewöhnlich breit ist. Das weltweit erkennbare Logo der Tube, ein roter Kreis mit blauem Querbalken, ist auch zum Markenzeichen Londons geworden.

PIMLICO

Weiße Stuckfassaden an gepflegten Häusern, Gärten und eine zentrale Lage zwar innerhalb der City of Westminster, aber abseits vom Lärm der Innenstadt – das ist Pimlico. Der Stadtteil wird auch von Einheimischen oft unterschätzt, bietet er doch einiges an Unterhaltung: traditionelle Pubs, Kunstgalerien und Museen. Pimlico wirbt für sich mit einer »bescheiden vornehmen Aura«, aber auch ganz praktisch und für jeden nachvollziehbar mit einer schnellen Verkehrsanbindung ins Zentrum. Benannt ist das Viertel nach Ben Pimlico, der für nussbraunes Ale in seinen Teegärten bekannt war. Im 17. und 18. Jahrhundert entwickelte sich der Stadtteil wegen seiner öffentlichen Gärten und Parks zu einem beliebten Naherholungsgebiet für die Londoner. Erst 1825 begann man mit der Bebauung von Pimlico, die Anfang des 20. Jahrhunderts einen erneuten Aufschwung erlebte.

Von der Westminster Cathedral hat man den schönsten Blick auf den Stadtteil Pimlico mit seinen roten Backsteingebäuden hinter weißen Stuckfenstern. Bekannt ist hier unter anderem der Dolphin Square, eine Reihe von Privat-appartements aus den Jahren 1935 bis 1937. Die Wohnungen galten damals als größter zusammenhängender Appartementblock Europas. Heute wohnen hier gern Politiker.

KENSINGTON UND CHELSEA

Der Royal Borough of Kensington und Chelsea, zu dem auch Notting Hill und Knightsbridge gehören, ist nicht nur der feinste Bezirk Londons, sondern auch eine der teuersten Wohngegenden Großbritanniens, begehrt bei allen, die es sich leisten können, in einem der gepflegten Häuser zu wohnen. Im Zentrum liegen die Kensington Gardens mit dem gleichnamigen Palast, kulturelles Zentrum sind jedoch die zahlreichen Museen im südlichen Teil des Bezirks. Hauptstraße ist die Kensington High Street, die als eine der feinsten und besten Einkaufsstraßen Londons gilt.

Edelrestaurants und Fünf-Sterne-Hotels säumen die teure Brompton Road im feinen Knightsbridge. Glanzstück ist jedoch Harrods, das wohl bekannteste Kaufhaus der Welt (Bild), wo die Reichen und Prominenten gerne ihren alltäglichen Einkauf erledigen – oder erledigen lassen.

Den Titel als exklusivste Einkaufsstraße Londons gewinnt ohne Zweifel die Sloane Street. So exklusiv ist sie, dass sie ihren Namen einer kleinen Bevölkerungsgruppe verlieh: »Sloanes« sind jene reichen jungen Menschen der Oberschicht, die sich einen gewissen Lebensstil leisten können und die eine private Schulerziehung verbindet. Die Straße bildet die Grenze zwischen den Nobelstadtteilen Knightsbridge, Belgravia und Chelsea und entspricht den Kaufbedürfnissen der betuchten Anwohner. Zu ihnen gehören auch etliche Superreiche aus den arabischen Ländern. Eine Familie aus Dubai kaufte sogar gleich große Teile der Westseite der Sloane Street. Die edelsten Marken und Designer sind hier vertreten, darunter auch das Nobelkaufhaus Harvey Nichols, das weniger berühmt ist als Harrods, dafür aber oft teurer und zudem eine jüngere Kundschaft anzieht.

»Harvey Nicks« (ganz links), wie das Kaufhaus auch liebevoll genannt wird, verkauft nicht nur schicke Mode, sondern bietet im fünften Stock auch ein Restaurant, ein Café und eine coole Bar (links). Für echte »Sloanes« gibt es viele Möglichkeiten, bei Luxusdesignern Geld auszugeben, sei es bei Emilio Pucci (großes Bild), im Dessousgeschäft La Perla (ganz unten) oder beim Designerlabel Alberta Ferretti (unten).

HARRODS

Harrods ist nicht einfach ein Kaufhaus, es ist ein Konsumtempel der Superlative und eine britische Institution. Auf einem Areal von etwa 1,8 Hektar und auf rund 93 000 Quadratmetern Verkaufsfläche verteilen sich insgesamt 330 Abteilungen und 28 Restaurants, in denen sich 5000 Angestellte und bis zu 300 000 Kunden täglich tummeln. Damit ist Harrods das größte Kaufhaus Europas und eines der größten der Welt. Das Motto des Konsumtem-

pels lautet: Omnia Omnibus Ubique – Alles für alle und überall. Und dem wird Harrods durchaus gerecht. Gegründet wurde das Kaufhaus, mittlerweile Teil eines Konzerns, 1834 von Charles Henry Harrod im East End von London als Lebensmittel- und Teehandlung, die aber 15 Jahre später ins feinere Knightsbridge in Kensington umzog. 1905 wurde nach einem Feuer das heutige Gebäude errichtet, das zum Wahrzeichen im feinen Westen wurde.

Harrods belegt einen ganzen Straßenblock und ist umgeben von feinen Läden, doch selbst die verblassen angesichts des schwelgerischen Überflusses in dem Kaufhaus. Nicht nur das Warenangebot von Harrods ist erschlagend, sondern auch die luxuriöse Präsentation und Architektur. Die Lebensmittelabteilung ist ein Gourmetparadies mit zahlreichen »Imbiss-ständen« und feinster Confiserie.

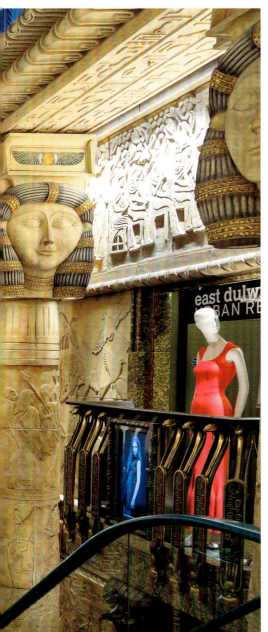

SAATCHI GALLERY

Zeitgenössische Kunst ist eine Spezialität der Saatchi Gallery, oft mit Ausstellungen und Künstlern, auf die selbst die Tate Modern neidisch wäre. Aber als Privatgalerie ist Saatchi auch nicht von finanziellen und anderen Restriktionen abhängig. Die Galerie wurde 1985 von Charles Saatchi geschaffen, einem Mitbegründer der weltweit erfolgreichen Werbeagentur gleichen Namens und leidenschaftlichem Kunstsammler. Sein Schwerpunkt lag aber nicht auf den gängigen Kunstwerken bekannter Namen, sondern meist auf jungen und oft unbekannten Künstlern. Seine thematischen Ausstellungen riefen oft Kontroversen hervor, wie 1997 »Sensation« mit Werken junger britischer Künstler, die auch in Berlin und New York für Aufregung sorgte. Im neuen Standort in Chelsea sind die Ausstellungen etwas ruhiger geworden, aber immer noch spannend und innovativ.

Die neuen Galerieräume in der King's Road sind im Duke of York's HQ untergebracht (links). Will Ryman gehört zu den »Entdeckungen« Saatchis. Die Plastik »The Bed« (großes Bild) zeugt von seiner Bühnenvergangenheit. Ansonsten erwarten den Besucher hier zeitgenössische Gemälde wie die realistischen Frauenporträts, zum Nachdenken anregende Installationen und Werke des Australiers Ben Quilty (von oben).

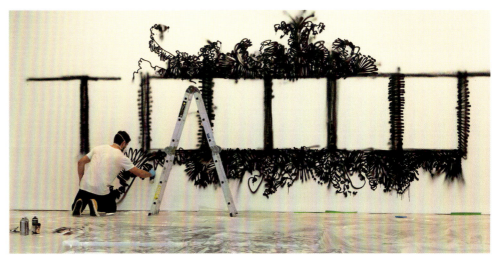

SLOANE SQUARE/KING'S ROAD

Bis 1830 war die King's Road eine königliche Straße nach Hampton Court und ist noch heute bis hin zum feineren Sloane Square am östlichen Ende von manchen noblen Häusern gesäumt. Heute ist sie das Herz von Chelsea, eine Einkaufsstraße mit zahlreichen Boutiquen, Restaurants und Cafés. Aber das eigentliche Flair ist ihr Ruf als das Herz der Moderevolutionen, die von London aus die Welt eroberten und noch heute ihren Einfluss spüren lassen. Hier hatte Mary Quant ihre Boutique Bazaar, wo sie in den 1960er-Jahren Minirock, Hotpants und dickes Make-up populär machte. Hier eröffnete Vivienne Westwood in der nächsten Dekade zusammen mit Malcolm McLaren, dem Manager der Punkgruppe Sex Pistols, eine Boutique namens »Sex«, in der sie die Punkmode zum Designeroutfit erhob. Ihre Boutique gibt es hier immer noch, sie heißt aber zahmer World's End.

Der Sloane Square mit seinen bunten Läden und Salons (linke Bildreihe) verbindet die Kings's Road mit der feinen Sloane Street. Die einstmals revolutionäre King's Road wirkt heute sehr viel milder und eleganter und ist eher von Mainstream und edlen Accessoires (großes Bild: chinesisches Porzellan) bestimmt als von Innovation. Exquisite Stores mit Panoramablick (links) sind aber noch ein Markenzeichen.

ROYAL HOSPITAL CHELSEA

Das Royal Hospital of Chelsea ist eine der urbritischen Institutionen, die den Helden des einstigen weltbeherrschenden Reichs Großbritannien einen ehrenvollen Lebensabend beschert. Nicht allen jedoch, denn bis heute sind die Regeln streng. Abgesehen vom Alter, der Dienstzeit und dem Rang werden nur Soldaten akzeptiert, die keine Familie und Verbindlichkeiten haben und den gestrengen protokollarischen Anforderungen gerecht werden.

Erst in jüngster Zeit wurden auch weibliche Soldaten zugelassen, allerdings getrennt von den männlichen. Das Haus, mitsamt seinen Regeln, wurde von Karl II. 1682 in Auftrag gegeben. Architekt war Christopher Wren, der sich vom Hôpital des Invalides in Paris inspirieren ließ. Das Gelände des Royal Hospital wird auch zu zivileren Zwecken genutzt, nämlich als Schauplatz der berühmtesten Gartenausstellung Europas, der Chelsea Flower Show.

Die Statue von Karl II. im Innenhof stellt ihn als
römischen Feldherrn dar (links). Einer der
schönsten Räume ist die Great Hall (großes Bild).
Bis zum 19. Jahrhundert war sie der Speisesaal
der Veteranen. Die 16 Tische boten jeweils Platz
für zwei Feldwebel, zwei Unteroffiziere und
21 einfache Soldaten. Aus der Hauskapelle
(rechts unten) wurde in Großbritannien der erste
Gottesdienst über das Fernsehen übertragen.

VICTORIA AND ALBERT MUSEUM

In dem weitläufigen Gebäude befinden sich um die 4,5 Millionen Gegenstände des Kunsthandwerks und Designs – aus Europa, Nordamerika, Asien und Nordafrika, aus frühesten Epochen vor 5000 Jahren wie aus der Gegenwart. Und als wenn das noch nicht genug wäre, umfassen die Werke sämtliche Formen gestalterischen Schaffens, von Skulpturen, Gemälden, Zeichnungen und Fotos über Glas, Porzellan, Keramiken und Möbel bis hin zu Spiel-

zeug, Kleidung und Schmuck. Es ist, kurz gesagt, die größte Sammlung auf der Welt. Das Museum entstand im Kern nach der Weltausstellung von 1851, von der einige Exponate für das Museum erworben wurden. Es sollte ursprünglich als Manufakturmuseum Design-Studenten inspirieren. Die Anzahl der Ausstellungsstücke nahm rasch zu, Platz wurde gebraucht, und so wurde 1899 der Grundstein für das heutige Gebäude gelegt.

Schon die Fassade des Museums (links) und der großzügige Eingangsbereich mit den hohen Kuppelgewölben (links außen) sind eine wahre Augenweide und bildet den perfekten Rahmen für die opulente Sammlung. Im großen Cast Court versammeln sich Nachbildungen europäischer Originale. Aber es gibt auch Original-Skulpturen, von Büsten bis zu Figurengruppen, und kunstvolle Objekte.

NATURAL HISTORY MUSEUM

Das Londoner Naturkundemuseum mag sich auf den ersten Blick nicht sehr von anderen dieser Art unterscheiden – außer vielleicht in seiner Größe und seiner umfassenden Sammlung. Naturkundemuseen sind in dieser Form eine Erfindung des 19. Jahrhunderts, und so ist auch dieses von der Faszination jener Zeit für ausgestopfte, eingelegte, skelettierte oder nachgebildete Tiere geprägt. Aber mit über 70 Millionen Exponaten, welche die ganze Naturhistorie der Erde umfassen, ist das Londoner Museum eine wahre Fundgrube. Das eigentliche Museum ist in zwei Hauptabschnitte aufgeteilt, die wiederum in verschiedene Galerien unterteilt sind: die klassische Ausstellung mit all den typischen konservierten Spezies, einschließlich dem jüngst erweiterten Darwin Centre, in dem die Evolution dargestellt wird, und die Earth Galleries mit den Exponaten zur Erdgeschichte.

Die Museumsarchitektur war mit ihrer gigantischen Stahlkonstruktion absolut innovativ zu ihrer Zeit (großes Bild), auch wenn Fassade und Ambiente dem viktorianischen Geschmack entsprachen (ganz links). Trotz moderner Exponate zählen die klassischen Ausstellungsstücke noch immer zu den Highlights, wie das Dinosaurierskelett (links) und Skelette urzeitlicher Kreaturen.

SCIENCE MUSEUM

Wieso? Warum? Weshalb? Fragen, die im Schulunterricht häufig unbefriedigend beantwortet wurden, werden in diesem Wissenschaftsmuseum nicht nur erläutert, sondern auch faszinierend präsentiert. Das Museum ist eines der fortschrittlichsten und innovativsten seiner Art. Es gibt kaum einen Bereich der frühen wie auch modernen Wissenschaft, der hier nicht behandelt wird und zudem spannend zu erkunden ist. Über 300 000 Exponate verteilen sich auf fünf Stockwerke, von Mikrochips bis zu ganzen Flugzeugen. Hinzu kommen ein Imax-3D-Kino und eine Bibliothek mit Werken zum Thema. Das Museum sorgt aber auch dafür, dass sich Besucher selbst fragen, welchen Einfluss moderne Wissenschaft auf den Menschen und die Welt hat: Die Talking Points sind im Erdgeschoss verteilte Kunstwerke, die zum Nachdenken und eben auch zum Miteinanderreden anregen sollen.

In der Osthalle befindet sich auch die mächtige Corliss-Dampfmaschine (ganz links). Die Kommandokapsel der Apollo 10 (links) ist einer der beliebtesten Exponate des Museums. Der neue Wellcome-Flügel (große Bilder), benannt nach dem Sammler Sir Henry Wellcome, ist führend in der Präsentation moderner Wissenschaft und Technologie. In der riesigen Halle sind zahlreiche interaktive Modelle angelegt.

ROYAL ALBERT HALL

Die riesige Kuppelhalle steht im Zentrum eines Areals, das oftmals als Albertopolis bezeichnet wird, benannt nach dem Prinzgemahl der Königin Victoria, die dem früh Verstorbenen hier etliche Kultureinrichtungen gewidmet hat. Der 1871 eingeweihte Rundbau ist innen wie außen einem römischen Amphitheater nachempfunden. Blickfang am Kopfende des Auditoriums ist die größte Orgel Großbritanniens mit nahezu 10 000 Pfeifen. In der Royal Albert Hall fanden legendäre Konzerte der Klassik, der Pop- und Rockkultur statt. Hier traten 1963 die Beatles und die Rolling Stones ein einziges Mal gemeinsam auf, Pink Floyd, Jimi Hendrix, Janis Joplin oder Frank Zappa rockten auf der Bühne. Daneben dient die ehrwürdige Halle auch als Schauplatz für Tennisturniere, Benefizveranstaltungen, Opern, Musicals, Konferenzen, Preisverleihungen und klassische Konzerte.

Die runde Form der Royal Albert Hall ist unverkennbar (großes Bild). Der allsommerliche Höhepunkt sind dort die Promenadenkonzerte der BBC, schlicht Proms genannt, die über etwa acht Wochen täglich stattfinden. Höhepunkt ist das Abschlusskonzert, die »Last Night of the Proms«, wo selbst die zurückhaltendsten Briten buchstäblich Flagge zeigen und enthusiastisch mitsingen (links).

Der 111 Hektar große Park, einst königlicher Schlossgarten, ist weitaus formeller gestaltet als der benachbarte Hyde Park. Er ist vor allem bei Kindern beliebt, die in der gepflegten Anlage etliche Attraktionen finden. Am Ostrand nahe dem Serpentine-See bezaubert die Peter-Pan-Statue, errichtet zum Gedenken an den berühmten Romanhelden. Am Westrand lockt der Diana Memorial Playground, ein Abenteuerspielplatz mit Piratenschiff, Indianerzelten und reichlich Platz zum Toben. Erwachsene schätzen neben dem Park selbst die Serpentine Gallery als beliebteste Attraktion. Der Teepavillon aus den 1930er-Jahren zeigt Wechselausstellungen zeitgenössischer Kunst. Kunstwerke sind die temporären Sommerpavillons, die von berühmten Architekten entworfen werden. An Prinzessin Dianas enge Beziehung zu Kensington erinnert auch ein Gedenkbrunnen.

Königin Victoria widmete 1876 dem Andenken ihres Gatten Prinz Albert ein prächtiges Monument als Ausdruck ihrer jahrzehntelangen Trauer um den früh Verstorbenen. Das Prince Albert Memorial (großes Bild) am Südrand von Kensington Gardens ist mit dem reichen Figurenschmuck und seiner ornamentalen Opulenz der Inbegriff viktorianischer Kunst. Übrige Bilder: Kensington Gardens.

KENSINGTON PALACE

Die berühmteste Bewohnerin des Schlosses der Neuzeit war Prinzessin Diana, die dort von 1981 bis zu ihrem Tod 1997 mit ihren beiden Söhnen William und Harry lebte. Kensington Palace war bereits seit dem 17. Jahrhundert eine königliche Residenz, die im Lauf der Zeit vom »einfachen Haus« zum heutigen attraktiven Palast ausgebaut wurde, unter anderem auch von Christopher Wren. Zu den illustren Bewohnerinnen gehörte auch Königin Victoria, die hier geboren wurde, und später Prinzessin Margaret, die verstorbene Schwester der derzeitigen Königin. Auch heute sind einige der Apartments noch von geringeren Mitgliedern der königlichen Familie bewohnt, wenn auch nicht permanent. Die offiziellen Prunkzimmer sind der Öffentlichkeit zugänglich. Eine der Hauptattraktionen des Schlosses ist die Sammlung zeremonieller Königsroben aus dem 18. bis 20. Jahrhundert.

Als sich 1997 die Nachricht vom Tod der Prinzessin Diana verbreitete, waren die Tore des Kensington Palace bald mit Blumen bedeckt – schätzungsweise mehr als eine Million Sträuße ergossen sich bis weit in die Kensington Gardens. Links: Die Queen Victoria Statue vor dem Haus. Heute kann man einige Räume sogar für private Veranstaltungen mieten, wie für Firmenfeste oder Hochzeiten.

DIANA

Schön, elegant, tragisch und glamourös – Diana, Prinzessin von Wales, war und ist noch immer eine Ikone der Medien, die zu ihrer Zeit meistfotografierte Frau der Welt, deren Fotos über zehn Jahre nach ihrem Tod noch immer in den bunten Illustrierten auftauchen. Als die geschiedene Frau des britischen Thronfolgers Charles und Mutter des nächsten in der Thronfolge, William, 1997 durch einem Autounfall in Paris ums Leben kam, brach in Großbritannien – und in der ganzen Welt – eine Massentrauer aus. Der damalige Premierminister Tony Blair schuf geistesgegenwärtig den Titel »people's princess«, die Prinzessin des Volkes, oder auch Prinzessin der Herzen. Sie starb jung und wurde somit zur Legende. Ihrer Person wurden gleich mehrere Gedenkstätten gewidmet, neben ihrem zum Schrein ausgebauten Grab im Familiensitz Althorp auch ein Brunnen im Hyde Park und der Diana Memorial Playground, ein Spielplatz in den Kensington Gardens. Im Kensington Palace, wo sie bis zu ihrem Tod lebte, befindet sich die mit Abstand interessanteste Gedenkstätte. Dort werden neben einer umfänglichen audivisuellen Foto- und Memorabilienausstellung auch einige ihrer sehr eleganten Roben ausgestellt, die von britischen Designern größtenteils speziell für die modebewusste Prinzessin angefertigt wurden.

Auf den Spuren von Diana führt der elf Kilometer lange Memorial Walk durch London, der durch Plaketten gekennzeichnet ist (links). Mohamed Al-Fayed, Vater des mit Diana verstorbenen Dodi, ließ nach deren Tod in seinem Kaufhaus Harrods eine Bronzestatute mit dem Titel »Innocent Victims« aufstellen, die Diana und Dodi zeigt. In der Gedenkstätte für Diana werden unter anderem Fotos ausgestellt (großes Bild).

NOTTING HILL/PORTOBELLO ROAD

Vor etwa 40 Jahren, galt Notting Hill als dreckiger Slum im feinen Kensington, als sozialer Brennpunkt mit den ersten Rassenunruhen Großbritanniens 1958. Dort lebten damals überwiegend afrokaribische Einwanderer, die in den Jahren nach den Auseinandersetzungen ihren Karneval zu feiern begannen, heute als Notting Hill Carnival eine der farbenprächtigsten und berühmtesten Festivitäten Londons. Schön ist Notting Hill noch immer nicht – aber spannend. Die »Gentrifizierung«, womit nicht nur die Renovierung und Verschönerung eines Viertels umschrieben wird, sondern vor allem der Zuzug überwiegend junger und wohlhabender Menschen, hat das Gesicht des Viertels drastisch verändert – und das Leben dort verteuert. Zentrum ist die Portobello Road, deren Markt zu den schönsten in London zählt, aber heute ebenfalls kaum noch Schnäppchen bietet.

Das Herz von Notting Hill ist die Portobello Road, die mit ihren zahllosen Läden, die von Trödel bis zu Kleidung nahezu alles verkaufen, auch außerhalb des berühmten Marktes Besucher anlockt (beide Bilder). Beliebt sind vor allem Antiquitäten und nostalgische Produkte, die man in keinem Kaufhaus findet. Beim Bummeln sollte man auch immer einen Blick für die Häuserzeilen jenseits der bunten Schaufenster bereithalten.

NOTTING HILL CARNIVAL

Der Karneval von Rio mag die Schlagzeilen beherrschen und Fernweh erzeugen, aber der Notting Hill Carnival steht ihm in nichts nach – nun ja, das englische Wetter mag nicht gerade konkurrenzfähig sein, obwohl das Fest im August stattfindet, aber dafür geht es im Londoner afro-karibischen Karneval ebenso farbenprächtig und lebensfroh zu. Die ganze Veranstaltung dauert drei Tage, wobei der Hauptzug am Montag über eine fünf Kilometer lange Strecke stattfindet. Beginn des Karnevals ist der Samstagabend mit einem Wettbewerb von Steelbands, der seit 2007 nunmehr im Hyde Park stattfindet. Der Sonntag ist den Kindern gewidmet, die mit ihrer kleinen Parade ebenso viel Spaß haben wie die Erwachsenen. Das Fest zieht mittlerweile bis zu zwei Millionen Menschen an und ist Schaustück des multikulturellen London. Das war nicht immer so. Zunächst war es nur ein Stadtteilfest, nachdem es 1958 zu den berüchtigten Rassenunruhen in Notting Hill kam. Paraden gab es jedoch erst ab 1965, die über Jahre nicht gerade friedlich verliefen. Immer wieder kam es zu Auseinandersetzungen zwischen überwiegend karibischen Jugendlichen und der Polizei. Mittlerweile ist der Karneval nicht nur weitaus friedlicher, sondern auch eine der größten Touristenattraktionen Londons – wer braucht da schon Rio?

Soca- und Calypsomusik, Reggae, Steelbands und die neueste Popmusik dröhnen von den Wagen, Menschen tanzen, sofern sie noch Platz finden. Die Straßen sind gesäumt mit Imbissbuden, die karibische Küche anbieten. Aber im Mittelpunkt stehen die aufregenden Kostüme, an denen die einzelnen Gruppen schon Monate zuvor gearbeitet haben. Je ausgefallener und farbenprächtiger desto besser, heißt das Motto.

NÖRDLICH DER CITY

Das Gebiet nördlich der City ist so vielfältig wie kaum ein anderer Bezirk der Metropole. Bloomsbury, eines der grünsten innerstädtischen Wohngebiete, und auch der Süden von Regent's Park sind das akademische Zentrum Londons mit zahlreichen Hochschulen sowie dem berühmten British Museum. Im preiswerteren Camden Town hat sich so auch die eher studentische und Multikultiszene mit vielen Alternativeinrichtungen niedergelassen. Der Regent's Park wiederum ist von den edelsten »Reihenhäusern« Englands gesäumt, den klassizistischen Bauten von John Nash.

Nicht schön, aber schön bunt: Camden Town ist ein lebhaftes Viertel mit einem in ganz London berühmten Markt am Camden Lock und einer handbetriebenen Schleuse am Regent's Canal, auf dem man sich bei einer Kanalfahrt vom Gedränge auf den Märkten erholen kann.

SHRI SWAMINARAYAN MANDIR

Indien in London: Der Hindutempel im Stadtteil Brent wirkt wie ein Stückchen des farbenprächtigen Subkontinents im grauen Häusermeer der englischen Hauptstadt. Er ist tatsächlich ein Stück Indien: Im ganzen Gebäude wurde in alter Tradition kein Metall verwendet, nur Kalkstein, Granit und Marmor, der stückweise zur bilderreichen und traditionellen Bearbeitung nach Indien geschickt und dann in London wieder zusammengesetzt wurde.

Er ist der erste authentische Hindutempel Großbritanniens und der größte außerhalb Indiens. Gekrönt ist er von sieben Türmchen mit goldener Spitze und von fünf Kuppeln. Unter jedem Turm befindet sich ein Schrein für eine Gottheit. Der Tempel, einschließlich der Dauerausstellung »Hinduismus verstehen« des Kulturzentrums, ist anders als viele Tempel in Indien für Gläubige aller Religionen und sogar auch Atheisten geöffnet.

Die größte ethnische »Minderheit« in London, etwa 500 000 Menschen, stammt aus Indien, viele davon Hindus, die ihren Shri-Swaminarayan-Tempel eigenhändig gebaut und finanziert haben. Mandir ist das Sanskritwort für Heiligtum oder Ort der Meditation. Täglich finden hier Zeremonien statt, die auch den Bhagwan Swaminarayan ehren, der um 1800 eine moderne Sekte des Hinduismus gegründet hatte.

WEMBLEY STADIUM

Das Wembley Stadium im Nordwesten Londons ist nicht nur irgendein Stadion, sondern eine Legende. Hier gewann England 1966 die bislang einzige Fußballweltmeisterschaft (4:2 gegen Deutschland), hier fand das größte Konzert aller Zeiten statt: Live Aid war nicht nur ein Rockkonzert, auf dem die größten Stars auftraten, sondern es wurde auch in 170 Ländern von 1,4 Milliarden Menschen an den Fernsehgeräten gesehen. Das Stadion wurde 1924 als Empire Stadium eingeweiht. Im Jahr 2000 wurde es geschlossen und 2003 schließlich abgerissen, um dem neuen Bau Platz zu machen, der schließlich 2007 vollendet war. Mit 90 000 Plätzen ist es, nach dem Camp Nou in Barcelona, das zweitgrößte Stadion Europas. Neben Fußball wird hier auch Rugby gespielt, auch finden hier große Rockkonzerte statt. Aber in erster Linie ist es das Nationalstadion Englands, der Stolz der Nation.

Das Herumkicken eines Balls mit dem Fuß ist ein uraltes Spiel, aber die Mannschaftsregeln für den modernen Fußball wurden im 19. Jahrhundert in England festgelegt. Fußball gilt als Nationalsport, der von den Fans vor allem bei Länderspielen mit ungebremstem Nationalstolz verfolgt wird: Ein wahrer Fan trägt Flagge auch im Gesicht (links). Der Bogen des Wembley Stadiums ist 133 Meter hoch (großes Bild).

HOOVER BUILDING

Nachts, jedenfalls bis 22 Uhr, leuchtet das Hoover Building in fluoreszierendem Licht wie eine Erscheinung aus einer anderen Welt. Aber tagsüber strahlt es in blendendem Weiß in all seiner architektonischen Schönheit eher wie eine amerikanische Filmkulisse der 1930er-Jahre denn als Fabrik- und Bürogebäude. Der Art-déco-Bau an der A40 am Westrand von London wurde 1935 als Hauptgebäude der UK-Vertretung der amerikanischen Staubsaugerfirma Hoover errichtet. Als Baumaterial wurde »Snowcrete« verwendet, weißer Portlandbeton, der seine helle Farbe beibehält. Farbige Fayence-Kacheln akzentuieren den Bau und die riesigen Fenster vermitteln den Eindruck, als würde sich eine riesige Halle dahinter verbergen. Tatsächlich sind es jedoch mehrere Stockwerke. Der in London einzigartige Bau steht seit den 1980er-Jahren unter Denkmalschutz.

1989 kaufte die Supermarktkette Tesco das teilweise verfallene Hoover-Gebäude und restaurierte es sorgfältig im Einvernehmen mit dem Denkmalschutz. Die Frontseite wurde unverändert gelassen. Auf der Rückseite jedoch entstand ein neuer Tesco-Supermarkt (links), der zwar an der Fassade Anklänge an das Art déco erkennen lässt, aber letztlich doch so pragmatisch eingerichtet ist wie alle Läden der Kette.

BRITISH MUSEUM

Sir Hans Sloane, ein Arzt schottisch-irischer Abstammung, war seit seiner Jugend ein leidenschaftlicher Sammler naturwissenschaftlicher Objekte. Bei seinem Tod überließ er sein »Kuriositätenkabinett« aus über 70000 Teilen König Georg II. als nationales Eigentum. 1753 entstand daraus mit weiteren Sammlungen das weltweit erste Museum dieser Art mit Objekten aus allen Bereichen und Ländern. Heute birgt das Museum Millionen von Artefakten, darunter einige der berühmtesten der Welt wie die »Elgin Marbles« der Akropolis oder der »Stein von Rosetta«. Bereits im 19. Jahrhundert sprengte die Sammlung das Fassungsvermögen des ursprünglichen Hauses. 1825 entstand das heutige Bauwerk, ein imposantes Gebäude mit klassizistischer Fassade, dessen jüngste architektonische Errungenschaft Sir Norman Fosters gläserne Kuppel über dem Innenhof ist.

Der große Innenhof ist der größte überdachte öffentliche Platz Europas, auch der Eingang mit den ionischen Säulen ist von Sir Norman Foster entworfen. Berühmt ist das Museum aber für seine Sammlung ägyptischer Mumien. Die riesigen Skulpturen von Göttern und Pharaonen (großes Bild) stammen aus ägyptischen Gräbern. Die übrigen Räume zeigen auch Skulpturen und Tempel aus dem alten Griechenland (unten).

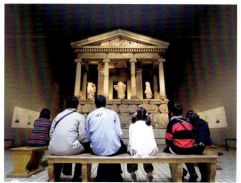

BRITISH MUSEUM READING ROOM

Herzstück des British Museum und Zentrum des großen Innenhofs ist der Reading Room, einer der berühmtesten Lesesäle der Welt, der in Film und Literatur hin und wieder als Schauplatz benutzt wurde. Erbaut wurde er 1857 und war lange Jahre nur registrierten Forschern zugänglich. Hier recherchierten unter anderen Lenin, Mahatma Gandhi, George Bernard Shaw und George Orwell. Karl Marx schrieb hier an seinem Monumentalwerk »Das Kapital«. Im Jahr 2000 wurde der Lesesaal nach einer sorgfältigen Restaurierung erstmals der Öffentlichkeit zugänglich gemacht. Neben einem modernen Informationszentrum stehen von insgesamt 350 000 Büchern rund 25 000 und andere Druckwerke im Lesesaal zur Verfügung, die sich mit Themen jener Weltkulturen beschäftigen, die im Museum repräsentiert sind. Bis 2012 wird der Lesesaal auch als Ausstellungsraum genutzt.

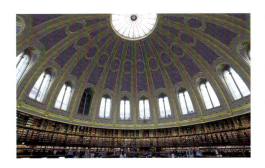

Die Kuppel wurde nach dem Vorbild des Pantheon in Rom gebaut und besteht aus einem Metallgerüst mit einer Art Papiermaschee-Verkleidung. Sie wurde bei der Restaurierung in ihrer alten Schönheit in Blau, Creme und Gold wiederhergestellt. Auch die Regale sind aus Metall, um das Gewicht der Bücher tragen zu können. In dem 1651 Quadratmeter großen Raum wird nur Kalt- oder Niedrigenergielicht verwendet.

BRITISH LIBRARY

625 Kilometer Regalfläche mit jährlich zwölf Kilometern Zuwachs, Druck- und Schriftwerke aus allen Epochen, darunter zwei Originalexemplare der Magna Charta und zwei Gutenberg-Bibeln, sowie ein umfangreiches Tonarchiv mit drei Millionen Aufzeichnungen machen die britische Staatsbibliothek zu einer der größten und bedeutendsten Bibliotheken der Welt. Seit 1998 ist sie im jetzigen funktionalen Neubau zwischen King's Cross und Euston Station untergebracht. Die Bibliothek als solche ist nur mit einem Leserausweis zugänglich. Einige ihrer wertvollen Schätze werden jedoch in einer Galerie der Öffentlichkeit präsentiert, darunter Händels Entwurf des »Messias«, der Originaltext des Beatles-Songs »Yesterday«, die berühmte erste Gesamtausgabe Shakespeares, Lenins Antrag auf einen Leserausweis und andere einzigartige historische Schriftstücke.

»Das Wissen der Welt« verspricht die British Library, und so stellt die Bronzefigur von Eduardo Paolozzi vor dem neuen Gebäude Isaac Newton dar, dessen Erkenntnisse die Wahrnehmung der Welt revolutionierten (unten). Die vierstöckige King's Library birgt die Sammlung von 65 000 Druckwerken König Georgs III. Das Eingangstor (unten links) wurde von Lida und David Kindersley entworfen.

EDUARDO PAOLOZZI · 1995

ST PANCRAS INTERNATIONAL

St Pancras wird oft als Kathedrale der Bahnhöfe bezeichnet, ein Name, der sich nicht nur auf Größe und Technik bezieht, sondern auch auf die außerordentliche viktorianische Prachtentfaltung des Baus. 1868 wurde der Bahnhof als Verbindung zu den Midlands fertiggestellt. Die Bahnhofshalle war 30 Meter hoch und 73 Meter breit und damals der größte umschlossene Raum der Welt. Nach langer Zeit des Verfalls wurde der Bahnhof schließlich in den vergangenen Jahren vollkommen restauriert und umgebaut. Seit 2007 ist er als St Pancras International der Endbahnhof des Eurostar, der über den Eurotunnel London mit Paris und Brüssel verbindet. Daneben gibt es noch 15 Bahnsteige für Regionalzüge, einen Busbahnhof und eine Einkaufspassage mit Restaurants, Pubs und Cafés. Das viktorianische Hauptgebäude aus rotem Backstein steht mittlerweile unter Denkmalschutz.

Das einstige Hotel Midlands Grand wurde bis 1985 als Bürohaus der British Rail benutzt (links). Derzeit wird es zu einem Fünf-Sterne-Hotel der Marriot-Gruppe einschließlich Luxusapartments umgebaut. »The Meeting Place« heißt die neun Meter hohe Bronzestatue unter der Bahnhofsuhr (links unten). Sie wurde vom Künstler Paul Day geschaffen. Großes Bild: die restaurierte und neu verglaste Haupthalle.

REGENT'S PARK

1818 wäre der Park beinahe zu Bauland geworden: Der Prinzregent und spätere König Georg IV. beauftragte den Architekten John Nash mit einem Konzept für diesen königlichen Park. Nash entwarf daraufhin einen Palast für den Prinzregenten und Herrenhäuser für dessen Freunde, umgeben von herrschaftlichen Häuserreihen, die den Villen einen adäquaten Rahmen verpassen sollten. Der Plan wurde nur teilweise realisiert, nur acht der geplanten 56 Villen wurden gebaut. Geblieben ist ein eleganter, zwei Quadratkilometer großer Park, der reichlich Freizeitvergnügungen und einige bemerkenswerte Sehenswürdigkeiten zu bieten hat. Die nördliche Ecke des Parks ist vom ältesten wissenschaftlichen Zoo der Welt belegt. Eingerahmt wird der Park im Norden von einem Kanal und an den übrigen Seiten von den noblen »Reihenhäusern«, die John Nash einst entworfen hatte.

Mitten in London, im gepflegten Regent's Park, haben Graureiher (unten rechts) und andere Wasservögel eine Heimat gefunden. Die gesamte Anlage mit den Blumenbeeten, Rasen, Wasserflächen und Brunnen (großes Bild: Triton-Brunnen von William McMillan) bietet zu jeder Jahreszeit Ruhe für Großstädter. In den Rosengärten gedeihen 30 000 Rosen in 400 verschiedenen Sorten (links).

JOHN NASH

Der Erfolg für den Architekten John Nash (1752 bis 1835) kam spät, aber gewaltig, und vor allem prägend für das elegante London. Er lernte zwar als junger Mann das Handwerk der Architektur, war aber nicht besonders erfolgreich, vielleicht auch nicht ehrgeizig genug. Schließlich verfügte er über genug Privatvermögen, dass er sich nicht anstrengen musste. Das änderte sich durch zwei Umstände: Er verlor sein Vermögen, und er erregte mit kleineren Werken die Aufmerksamkeit des Prinzregenten, des späteren Georg IV. Daraus entstand ein ehrgeiziges Projekt. Ganze Stadtteile sollten neu gestaltet werden, je pompöser desto besser, auch sollten die königlichen Paläste auf den neuesten Stand gebracht werden – eine Modeerscheinung jener Zeit, die architektonisch wunderbar klassizistische, aber in London in der Gesamtheit unbezahlbare Anlagen und Bauten nur auf dem Reißbrett hinterließ. Dank königlicher Protektion folgten zahlreiche Aufträge für Um- und Neubauten in ganz England, so auch für den Royal Pavilion in Brighton. Nash konnte nicht alle seine Pläne vollenden, oder vielmehr ging seinem König das Geld aus, nachdem dieser auf den Thron kam. Sein architektonisches Vermächtnis umfasst aber bis heute die feinsten und nach wie vor teuersten Bauten Londons, die in ihrer Eleganz zeitlos sind.

Cumberland Terrace (großes Bild und ganz links als Grafik) ist eines der berühmtesten Werke von John Nash. Die Reihe besteht aus 31 Häusern, die noch immer in Privatbesitz sind. Benannt sind sie nach einem der Brüder des Königs, dem Herzog von Cumberland. Eine Büste von John Nash befindet sich an der Church of All Souls am Nordende der Regent's Street, die ebenfalls von dem Architekten entworfen wurde (links).

CAMDEN LOCK

Punks, Hippies, Goths oder alle, die das Absonderliche, Alternative und Exotische suchen, finden in Camden Town ihr Paradies. Der kleine Stadtteil am Regent's Canal, einst Wohnort irischer Einwanderer und bis jüngst Zentrum des Britpop, hat sich zu einem Szeneviertel entwickelt, das heute mit seinen Märkten und Musikclubs eine Attraktion für sich ist. Zu kaufen gibt es dort neben reichlich Touristenkitsch alternative Mode, Unikate, Kunsthandwerk, Trödel und allerlei Merkwürdiges oder Alltägliches. Angefangen hatte es 1974 mit ein paar Ständen für Kunsthandwerk am Kanal. Heute drängen sich die Marktstände vom Camden Lock über die Haupt- bis in die Seitenstraßen, samt Restaurants und Imbissstände mit ethnischer Küche. Die Märkte sind so beliebt, dass am Wochenende der Ausgang zum Bahnhof und der Eingang der Underground reguliert werden müssen.

Camden Lock, eine von Hand betriebene Schleuse am Kanal, gab dem Viertel den Namen. In den Straßen von Camden Town gibt es Läden für jeden noch so schrägen Bedarf (großes Bild). Die Märkte jedoch, sowohl im Freien als auch in Hallen und Passagen, gehören zu den beliebtesten Londons, wo es nicht nur originelle Kleidung, sondern auch wahre Schatzhöhlen mit exotischem Krimskrams gibt (links).

Die Camden High Street ist eine nur rund 500 Meter lange Strecke, an der sich aber geballt die trendy Läden aneinanderreihen.

HAMPSTEAD HEATH

Hampstead Heath liegt nur sechs Kilometer vom Trafalgar Square, aber dafür Welten vom Großstadttrubel entfernt. Der größte und älteste Park Londons mit 329 Hektar ist kein künstlicher Park, sondern ein Stück ursprünglicher, wenn auch gepflegter Natur aus Wiesen, Hügeln, zum Teil uralten Wäldern, künstlichen Badeseen, von denen manche nach Geschlechtern getrennt sind, Spielplätzen, Sportanlagen und sogar noch Resten von Heideland, dem der Park seinen Namen verdankt. Ein großer Teil scheint jedoch noch so unberührt zu sein, dass man leicht den Eindruck erhält, wirklich draußen auf dem Land zu sein. Er hat sogar seine eigene Polizei, die Tag und Nacht für Sicherheit sorgt. Einer der großartigsten Plätze ist der 98 Meter hohe Parliament Hill im Süden der Heath, der einen unverstellten und auch durchaus romantischen Blick über London bietet.

Das elegante Kenwood House aus dem 17. Jahrhundert am Nordrand der Heath (großes Bild) wurde 1927 von Lord Iveagh aus der irischen Brauereifamilie Guinness dem Staat vermacht und ist seither der Öffentlichkeit zugänglich. Die neun Meter hohe Skulptur aus Riesentisch und Stuhl mit dem Titel »The Writer« (Der Schriftsteller) von Giancarlo Neri (links) sollte 2005 die Menschen an ihre Kreativität erinnern.

HIGHGATE CEMETERY

Berühmt ist der Friedhof eigentlich nur wegen Karl Marx, der hier 1883 beerdigt wurde. Aber Highgate hat weitaus mehr prominente Tote, wie Douglas Adams »Per Anhalter durch die Galaxis«) oder den Bildhauer Henry Moore, und vor allem eine einzigartige Anlage zu bieten. 1839 wurde er eröffnet und bald zum schicken und gefragten Ruheplatz, auch wenn es zu Lebzeiten niemand eilig hatte. Doch nicht nur die Gräber und Mausoleen sind eine ein-

zige viktorianische Pracht aus Todesfaszination, Kitsch und Reichtum, sondern die gesamte Gestaltung bietet eine Kulisse wie für Gruselfilme: wild wachsende Bäume und Büsche, gewundene Wege, die in immer dämmrigere Ecken zu führen scheinen, schiefe Grabsteine und Trauerfiguren. Der alte und auch mit Abstand schönste Teil des Friedhofs ist heute nur noch mit Führung zu besichtigen, um die Anlage zu schützen.

»Proletarier aller Länder, vereinigt euch!« steht auf dem Grabstein von Karl Marx (ganz links). Allerdings ist er nicht hier, sondern im älteren Teil des Friedhofs bestattet. Das Grabmal wurde hier errichtet, damit sich nicht zu viele Proletarier im geschützten Bereich vereinigen. Das Tor zur »Ägyptischen Allee« (rechts unten) gehört zum alten Teil. Die wilde Vegetation verleiht dem Friedhof sein verwunschenes Flair.

SADLER'S WELLS

Als Richard Sadler 1683 hier in Islington ein »Musick House« eröffnete, erschloss er gleichzeitig eine zusätzliche Quelle des Einkommens, buchstäblich. Auf seinem Grund entdeckte er eine Quelle, deren Wasser heilkräftig sein sollte. Das lockte natürlich die feine Gesellschaft Londons hierher. Das Quellwasser verlor ebenso schnell seine Attraktion wie das Theater – es entstanden in der Folge zahlreiche Schauspielhäuser näher zu London, auch heilkräftige Quellen waren keine Seltenheit mehr. Nach vielen Theaterinkarnationen fand die Bühne schließlich ihre Bestimmung als Tanztheater. Eine der berühmtesten Inszenierungen war 1995 »Schwanensee« von Matthew Bourne, eine zeitgenössische Interpretation, in der alle Schwäne Männer waren. Seither ist das Sadler's Wells in seinem neuen Bauwerk eine Quelle für innovatives Tanztheater.

Das neue Gebäude von Sadler's Wells (links) ist nicht nur Schauplatz für eigene Interpretationen klassischer Ballettstücke und avantgardistischer Tanzaufführungen, sondern auch für Gastspiele. Tanz wird hier in der Gesamtheit begriffen. Großes Bild: »The Ballet Boyz« in »Naked«; rechts oben: die Butoh-Tänzer von Sankai Juku in »Kinkan Shonen«; rechts unten: »The Hard Nut« der Mark Morris Dance Group.

LONDON DERBIES

Die London Derbies sind nicht einfach nur Fußballspiele. Sie sind ein Stammeskrieg mit klaren Grenzen. Jeder Club in London hat seine fest umrissene Lokalität und mithin Anhängerkreis. Die Trikots und Schals in den Clubfarben sind Zeichen der Zugehörigkeit – man weiß auf den ersten Blick, mit wem man es zu tun hat. Derby ist ein Begriff, der Wettkampf bedeutet, und zwar einer, der allen offensteht. Er stammt aus einer Zeit vor den festgelegten Fußballregeln, als zwei Teile eines Dorfes gegeneinander Fußball spielten. Jede Mannschaft vertrat die Ehre ihrer Dorfhälfte und grenzte sich von der anderen deutlich ab. Das hat sich bis heute nur geringfügig geändert. In London gibt es zahllose lokale Fußballclubs. Nur fünf gehören jedoch in die Premiership. Arsenal und Tottenham Hotspur (oder kurz »Spurs« genannt) sind die Spitzenclubs im Norden Londons. Spielen sie gegeneinander, ist es das North London Derby. Das Pendant ist das West London Derby mit den Clubs Chelsea, der dem russischen Oligarchen Roman Abramovich gehört, und Fulham, der im Besitz vom Harrods-Boss Mohammed al-Fayed ist. Ein London Derby ist immer ein echtes archaisches Erlebnis, die Nerven scheinen allerorts blank zu liegen. Die Kämpfe und Auseinandersetzungen der Fans vor den Spielen sind teilweise grenzwertig.

An den Farben sind die Clubs und ihre Fans zu erkennen: Arsenals Farbe ist Rot mit einer Kanone im Wappen. Ganz links feiert Lukas Podolski mit den Arsenal-Fans nach dem FA Cup Finale im Mai 2014. Tottenham Hotspur hat einen Hahn, der auf einem Fußball steht, als Symbol. Chelsea-Spieler sind in Blau gekleidet, so auch ihre Fans (links). Wappentier ist ein Löwe, der einen Stab hält.

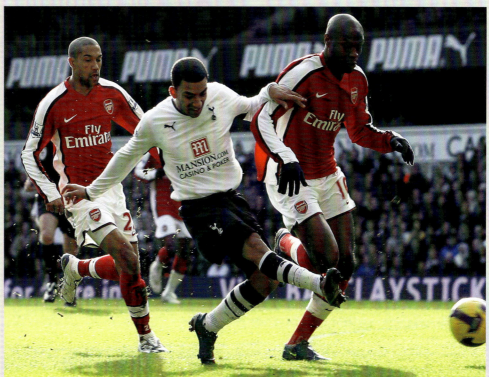

LONDONS OSTEN

Das East End, die Stadtteile östlich der City am Nordufer der Themse, gehört traditionell zu den ärmsten Vierteln Londons – dicht bebaut und stets überwiegend von Immigranten bewohnt. Die erbärmlichen Lebensumstände im East End prägten den Begriff »Slum«. In jüngerer Zeit wurden ganze Viertel »cool«, als junge Mitglieder der oberen Mittelschicht dem Stadtteil einen völlig neuen Charakter gaben und die Instandsetzung der alten Dockanlagen dem Osten Londons neuen Glanz verlieh. Die Isle of Dogs mit dem Canary Wharf wurde gar zum zweiten Finanzzentrum Londons.

Das, was heute Docklands genannt wird, war einstmals die größte Hafenanlage der Welt und Stolz der einstigen Seemacht England. Nach jahrzehntelangem Verfall wurde das Gebiet mit dem Prestigeprojekt Canary Wharf (im Hintergrund) bebaut, das heute die Skyline beherrscht.

Jack the Ripper trieb dort sein Unwesen: in Whitechapel im Londoner East End. Im Jahr 1888 war der berüchtigte Serienkiller dort unterwegs, elf Morde gingen bis 1891 als »Whitechapel-Morde« in die Geschichte ein, fünf von ihnen geschahen innerhalb von sechs Wochen. Für die Medien täglich die Sensation, denn der oder die Täter wurden nie gefasst. In Whitechapel wohnten Einwanderer und wegen der Nähe zu den Docks auch Hafenarbeiter und Seeleute. Es herrschten Kriminalität und Prostitution. Touristen können sich heute auf die Spuren von Jack the Ripper begeben und während einer nächtlichen Tour den Gruselgeschichten lauschen. Im Licht der Gaslaternen durch das Viertel zu streifen, ist wie eine Reise in die Vergangenheit des Londoner East End. Natürlich auch mit Stop im »The Ten Bells Pub«, in dem der Mörder wahrscheinlich seinen Opfern begegnete.

Das Viertel Whitechapel ist heute vor allem ein Ort für Künstler. Manche Hausfassaden der Umgebung sind mit anspruchsvollen Graffitis verziert (links). Es gibt auch die Whitechapel Art Gallery, die seit Anfang des 20. Jahrhunderts in erster Linie zeitgenössische Kunst präsentiert. In den Wohnungen leben verstärkt Künstler, darunter reiht sich eine lebendige Mischung verschiedener Einzelhandelsläden (unten).

HACKNEY

Das East End war seit dem Ende des 19. Jahrhunderts ein Teil Londons, auf den von der feineren Seite der Stadt abfällig herabgeschaut wurde. Es war arm, kriminell und voller Immigranten, die in den überfüllten Vierteln östlich der City versuchten, irgendwie Fuß zu fassen. »EastEnders« war damals noch keine beliebte Seifenoper im Fernsehen, sondern eine herablassende Bezeichnung. Das hat sich bis heute kaum geändert, auch wenn die Gentrifizierung bis in Londons Osten voranschreitet. Ein Stückchen des »wahren« East End ist noch in Hackney zu finden, ein dicht bevölkerter Stadtbezirk, wo noch die Cockneys, Londoner aus der Arbeiterklasse mit spezifischem Akzent und Slang, die Straßen beherrschen, Einwanderer aus aller Welt ihre Kulturen mitgebracht haben und Multikulti trotz allem ein ganz eigenes Gemeinschaftsgefühl geschaffen hat.

Nur etwa die Hälfte aller Bewohner Hackneys bezeichnen sich als »weiße Briten«. Die andere Hälfte stammt ursprünglich aus Asien, Afrika, der Karibik und auch anderen europäischen Ländern. Alle haben sie ihre eigene Infrastruktur, die nicht nur ihre jeweils eigene Bevölkerungsgruppe versorgt, sondern jene so typische bunte Mischung schafft, die Hackney zu einem Erlebnis abseits der üblichen Pfade macht.

BRICK LANE

Fast die Hälfte der Bewohner weiter Teile des East End sind Immigranten aus ehemaligen britischen Kolonien wie Indien, Pakistan oder Bangladesch – Menschen, die nicht gerade mit Reichtümern eintrafen und sich in den billigsten Unterkünften einquartierten. Das verleiht einigen Vierteln einen exotischen Charakter. Die Gegend um die Brick Lane wird wegen des großen bengalischen Bevölkerungsanteils auch Banglatown genannt. Heute ist die gesamte Straße ein einziges »Curry-Paradies«. Balti-Häuser, Tandoori- und Curry-Restaurants reihen sich aneinander, unterbrochen von Sari-Geschäften, asiatischen Lebensmittelläden und Import-Export-Läden. Der sonntägliche Brick Lane Market ist ein Tummelplatz für alle, die das Ausgefallene lieben, und wer nach unabhängiger junger Designermode sucht, wird ebenfalls in der Straße der Immigranten bestimmt fündig.

Orient im East End: In der Brick Lane herrscht buntes und exotisches Treiben, von Kunst und Graffiti über Straßenmusik bis zu den malerischen Märkten und farbenfrohen Geschäften. Doch das Zusammenleben von Ost und West ist nicht immer so friedlich, wie es auf den ersten Blick erscheinen mag. Die kulturellen Gegensätze führen mitunter zu Spannungen, zumindest aber zu misstrauischer Distanz.

CANARY WHARF

Knapp 200 Jahre lang war die Isle of Dogs, jener Sporn in einer Biegung der Themse, die rührigste Hafenanlage Londons gewesen. Auch hier hatten Bomben im Zweiten Weltkrieg die traditionsreichen Anlagen zunächst zerstört. Doch erst der Niedergang der internationalen Werftindustrie versetzte ihnen den endgültigen Todesstoß. Am Ende des 20. Jahrhunderts nahm in der Finanzmetropole der Bedarf an Büroflächen, die modernen Ansprüchen genügten, rasant zu. Im Jahr 1988 begann deshalb allen Widerständen zum Trotz der Ausbau des Canary Wharf auf dem heruntergekommenen Werftgelände. Heute ist das postmoderne Bauensemble, in dem neben Banken auch konservative Medien eine neues Zuhause fanden und wo trotz Krise weitergebaut wird, nicht nur ein Zeichen der wiedererstandenen kommerziellen Weltmacht, sondern auch ein Wegweiser Londons in die Zukunft.

Die drei höchsten Wolkenkratzer Großbritanniens, der One Canada Square mit 235 Metern, der HSBC Tower und das Citigroup Centre mit jeweils 199 Metern Höhe, bilden das Herzstück von Canary Wharf. Die Architektur hat einen Hauch von Manhattan und gehört zum Modernsten in Großbritannien. Das Portal zum Underground-Bahnhof und der Walkway-Tunnel (links) wirken wie die Zugänge in ein Raumschiff.

Ein Fluss, aber zwei Welten. Jenseits der Themse
sieht man die modernen Skyscraper von Canary
Wharf, gegenüber wird idyllisch am Ufer flaniert.

ROYAL VICTORIA DOCK

Die Neugestaltung der Docklands im Londoner East End beinhaltet nicht nur den Bau neuer Bürohochhäuser, sondern auch die Schaffung völlig neuer Wohnviertel. Das Royal Victoria Dock war einst die größte Dockanlage Londons, die 1855 extra für die großen Dampfschiffe gebaut wurde und von riesigen Lagerhäusern für Fleisch, Tabak und Obst aus Nord- und Südamerika gesäumt war. Heute gehört sie zu den schönsten Beispielen einer urbanen Wiederbelebung, darunter das preisgekrönte Britannia Village, eine Wohnanlage mit dörflicher Infrastruktur, das ExCel London, ein Ausstellungs- und Konferenzzentrum, in dem unter anderem alljährlich die London Boat Show stattfindet, und die spektakuläre Royal Victoria Dock Bridge, eine 15 Meter hohe Fußgängerbrücke über die Docks hinweg, die mit ihren Masten an die Großsegler vergangener Zeiten erinnern soll.

Die Häuser an der Wasserseite der Wohnanlage Britannia Village erinnern in ihrer Architektur an die einstigen Lagerhäuser (großes Bild). Das Ziel der Umbauarbeiten war stets, etwas Neues zu schaffen, aber der Vergangenheit zu huldigen. So erinnern alte Kräne an die alten Zeiten. Am Bootsanleger des ExCel (links) mit seinen zahlreichen Cafés landen während der Bootsshow die größeren Yachten.

THE O2

Das riesige zeltartige Gebilde, zumindest aus der Vogelperspektive eines der Wahrzeichen der Stadt, gehört zu den drei Millennium-Projekten, die in London das 21. Jahrhundert begrüßen sollten. Das erste davon war das Riesenrad London Eye, das zweite die Millennium Bridge. Das dritte Projekt war der Millennium Dome, der sich zunächst als ein echter Fehlschlag entpuppte. Das größte Kuppelgebilde der Welt barg ursprünglich eine Ausstellung, die vom Menschen schlechthin handelte: Wer sind wir, was tun wir und wo leben wir? Sie wurde nach einem Jahr geschlossen, und keiner wusste so recht, was mit dem Bau anzufangen sei, bis 2007 ein neues Konzept und ein neuer Name gefunden wurden: Das O2 ist nun der größte Unterhaltungskomplex Londons – mit Ausstellungsräumen, einem digitalen Kino mit elf Leinwänden und einer Multifunktionsarena.

Wie eine gestrandete Qualle liegt das O2 am Ufer der Greenwich-Halbinsel, allerdings mit einem bunten Innenleben. Das Gebilde ist ideal als Konzerthalle, da es sich abgelegen genug von Wohnvierteln befindet, um niemanden zu stören. Hier treten die Größen des Popgeschäfts auf, wie Robbie WIlliams (links) auf seiner Swing Both Ways Live Tour. Auch Sportveranstaltungen (ganz links) gehören zum Programm der Arena.

ROYAL NAVAL COLLEGE

Das Old Royal Naval College, die einstige Marine-hochschule der Royal Navy, ist das Prachtstück des Weltkulturerbes Maritime Greenwich, ein eleganter Gebäudekomplex am Ufer der Themse, der von Christopher Wren, dem Architekten der St Paul's Cathedral, entworfen und 1712 fertiggestellt wurde. Gebaut wurde es als Greenwich Hospital, ein Hospiz für verwundete und pensionierte See-leute der Royal Navy. Lord Nelson, der berühm-teste Admiral der alten Seemacht England, wurde hier nach seinem Tod aufgebahrt. 1869 wurde das Hospiz geschlossen und diente anschließend bis 1998 als Marinehochschule für Offiziere. Heute wird es von der Stiftung Greenwich Foundation ver-waltet, die dort auch ein Besucherzentrum, einen Laden, ein Café und ein Restaurant unterhält. Teile des Komplexes werden von der Greenwich Univer-sity und dem Trinity College of Music genutzt.

Die schönsten Räume des Gebäudes sind die Painted Hall (unten), der ehemalige barocke Speisesaal mit hinreißenden Gemälden von James Thornhill, und die klassizistische Kapelle (großes Bild), die wegen ihrer Akustik auch für Konzerte genutzt wird. Am Wassertor zum Komplex befindet sich noch das Wappen des alten Royal Hospital. Darüber erheben sich die beiden Türme des Naval College.

ROYAL OBSERVATORY

Das Zentrum der Welt ist Greenwich nicht, aber das Zentrum der Weltzeit und der irdischen Längenmessung, denn hier befindet sich mitten durch das Observatorium hindurch der Nullmeridian, der 1851 von britischen Astronomen festgelegt wurde. Seit 1885 ist er international als Bezugspunkt für die Zeitmessung und die Berechnung der Längengrade in östliche und westliche Richtung anerkannt. Das Royal Observatory war das erste ausschließlich für Forschungszwecke errichtete Gebäude Großbritanniens. Es wurde 1675 von Karl II. in Auftrag gegeben, allerdings weniger aus Forscherneugier, sondern um die Navigation der Seefahrer anhand der Sterne und ihrer Position in Bezug zur Erdbewegung zu erleichtern. Heute birgt das Gebäude eine Ausstellung mit astronomischen und Navigationsgeräten sowie mit den außerordentlichsten und exaktesten Chronometern.

Großes Bild: Die Zeitkugel auf dem Türmchen des Observatoriums (links ein zeitgenössischer Stich) rutscht jeden Mittag um Punkt 13 Uhr GTM die Spitze hinab und gibt damit die genaue Zeitmessung an. Rechts vom Tor befindet sich die 24-Stunden-Uhr (ganz links). Der Nullmeridian (unten) besteht aus einem Edelstahlstreifen und seit einigen Jahren auch aus einem grünen Laserstrahl, der nordwärts gerichtet ist.

Seit 1997 ist der berühmte Ort im Südosten Londons unter dem Namen Maritime Greenwich ein Weltkulturerbe, ein Ensemble, das zu Recht wegen seiner außerordentlichen Schönheit gepriesen wird. Neben den vielen historischen Häusern im Ort selbst, den wissenschaftlichen Errungenschaften und der Geschichte der Seemacht England gehört zum Kulturerbe auch das Old Royal Naval College und vor allem das Queen's House. Das

Schlösschen ist das erste konsequent klassizistisch gestaltete Gebäude Großbritanniens, das der Architekt Inigo Jones Anfang des 17. Jahrhunderts entworfen hat. Als das Naval College, damals noch Naval Hospital, errichtet wurde, durfte auf königlichen Befehl der Ausblick vom Queen's House nicht durch die neuen Gebäude verstellt werden, was zu dem einzigartigen Anblick eines Bauensembles führte, das als Krone von Maritime Greenwich gilt.

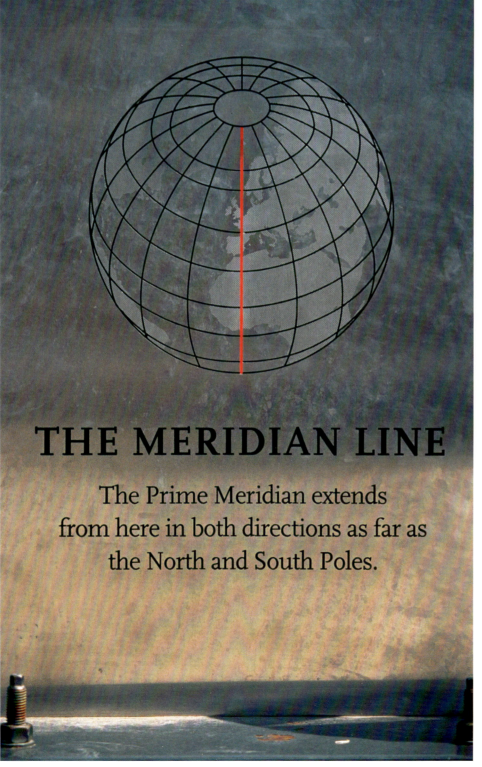

THE MERIDIAN LINE

The Prime Meridian extends
from here in both directions as far as
the North and South Poles.

GREENWICH

Vom hügeligen Park hinter dem Queen's House eröffnet sich der Blick auf das Schloss, das Naval College und auf London mit den Hochhäusern der Docklands im Hintergrund (vorige Seiten). Das Queen's House ist heute Teil des National Maritime Museum (Marinemuseum), das Gemälde mit maritimen Themen ausstellt. Im Gegensatz zum schlichten Äußeren birgt es prunkvolle Innenräume (unten).

THAMES BARRIER

London war seit jeher von Fluten bedroht, sei es durch heftige Regenfälle am Oberlauf der Themse, die bei starker Gegenflut von der Nordsee nicht abfließen konnten, sei es durch Sturm- und Springfluten vom Meer. Die große Sturmflut von 1953 an der Nordsee (»Hollandflut«), bei der allein in England über 300 Menschen ums Leben kamen, führte zur Überlegung einer gigantischen Flutwehr in der Themsemündung. Das Problem war jedoch der Schiffsverkehr, für den ausreichend Platz gelassen werden musste. Das änderte sich mit der Umstellung des Frachtverkehrs auf Container und der Errichtung eines neuen Containerhafens. 1974 bis 1982 wurde das neue Flutwehr bei Woolwick errichtet, das zweitgrößte nach dem Maeslantkering in den Niederlanden. Ist eine Sturmflut angekündigt, können die gewaltigen Tore innerhalb von 1,5 Stunden geschlossen werden.

THAMES BARRIER

Die zehn schwenkbaren Tore sind bei normalen Verhältnissen auf den Grund der Themse abgesenkt, damit der Schiffsverkehr fließen kann. Die vier Haupttore ragen in geschlossenem Zustand über 20 Meter hoch. Einmal im Monat wird das Wehr aus Testgründen hochgefahren, ein faszinierender Anblick, der Schaulustige anzieht. Nur einmal gab es bisher einen Ernstfall, nämlich bei den Fluten im November 2007.

SÜDLICH DER THEMSE

Das Südufer der Themse ist zwar nur einen Katzensprung von der City und den attraktiven Vierteln Londons entfernt, wurde aber stets mit einem Naserümpfen betrachtet. Traditionell war hier nämlich ein Amüsier- und Rotlichtviertel; später baute man Gefängnisse und siedelte Industriebetriebe an, die im 20. Jahrhundert in eine Krise gerieten. In den letzten Jahren hat die South Bank auch dank aktiver Bürgerinitiativen eine Rundumerneuerung erfahren, die zwar an die Tradition der Unterhaltung anknüpft, aber eine attraktive Mischnutzung aus Wohnen, Arbeiten und Unterhaltung bietet.

Bereits zum Festival of Britain von 1951 wurde am Südufer die Royal Festival Hall errichtet, die schließlich weitere Kultureinrichtungen nach sich zog. Die Tate Modern (mit dem schlanken Turm) stammt aus jüngerer Zeit. Das Globe Theatre mit dem Fachwerk ist ebenfalls neu.

SOUTHWARK

Southwark liegt südlich der City of London und zählt zu den Stadtteilen, in denen Besucher die meisten Sehenswürdigkeiten entdecken können. Wohin man auch blickt: Postkartenmotive. Beispielsweise die Southwark Cathedral, die älteste gotische Kathedrale der Stadt. William Shakespeare besuchte sie im 16. Jahrhundert regelmäßig, ein farbiges Glasfenster mit Szenen aus seinen Theaterstücken erinnern an den Dichter. Weitere Attraktionen sind die London Bridge sowie die Tower Bridge, die City Hall als modernes Rathaus der Stadt und der Borough Market, einer der ältesten Märkte Londons, der sich damals unter der Eisenbahnbrücke angesiedelt hatte. Denn die London Bridge war immer so verstopft, dass die Händler gar nicht erst versuchten, hinüberzukommen. Heute gibt es eine Markthalle, die den Charme der Vergangenheit zu wahren versucht.

Futuristisch ragen die gläsernen Gebäudeele-mente von »More London« gen Himmel (großes Bild). Das umstrittene Bauprojekt bietet heute eine großzügige Anlage mit modernen Büros, Hotels, Shops, Restaurants und diversen Kunst-projekten und Ausstellungen. Im Hintergrund erhebt sich seit 2012 der Wolkenkratzer »The Shard«, genau wie von der benachbarten Tooley Street gesehen aus (links).

DESIGN MUSEUM

Das kleine, aber feine Design Museum war das weltweit erste Museum seiner Art, als es 1989 eröffnet wurde. Obwohl Design mittlerweile überall museumswürdig wurde, hat es seinen Rang als eines der prestigeträchtigsten beibehalten. Es gibt hier keine Dauerausstellung, sondern regelmäßige Sonderausstellungen, die Design in allen Sparten umfassen, ob nun Produkt- oder Industriedesign, Architektur oder Möbel, Grafik oder Websites.

Auch die Themen der Ausstellungen sind vielfältig, manchmal eher konventionell, wie die Ausstellung mit den Manolo-Blahnik-Schuhen, oder wirklich innovativ wie jene mit dem Titel »Super Contemporary«, in der Designer ihre schrägsten Entwürfe für das London der Zukunft präsentierten. Die Wahrscheinlichkeit, dass diese einst zum Alltag gehören werden, ist eher gering. Aber sie zeugen dafür vom Ideenreichtum Londoner Designer.

Das minimalistische Museumsgebäude war einst
ein Speicherhaus für Bananen (links). Die Skulptur des Bildhauers Eduardo Luigi Paolozzi vor
dem Museumsbau trägt den passenden Namen
»Head of Invention« (großes Bild). Die »Bänder«
um den Kopf tragen ein Zitat Leonardo da Vincis
zum Erfindungsreichtum der Natur. Manche
Ausstellungen und Kunstinstallationen werden
teilweise örtlich ausgegliedert (unten).

BUTLER'S WHARF

Butler's Wharf ist ein gelungenes Beispiel der Stadterneuerung, die nicht einfach nur abreißt und neu baut, sondern den historischen Charakter beibehält. Die riesigen, 1873 gebauten Speicherhäuser am Themseufer waren einst Londons größter Speicherkomplex, wo Tee, Kaffee, Kakao, Zucker, Getreide und Gewürze gelagert wurden. Nach der endgültigen Aufgabe 1972 entstand eine Mischung aus Luxuswohnungen, Büros, Freizeiteinrichtungen und Restaurants, von denen viele zur feinen Conran-Kette gehören. Hauptattraktion ist jedoch, neben dem Uferweg, der einen hinreißenden Blick auf den Tower of London und die Tower Bridge bietet, die Shad Thames, die schmale, kopfsteingepflasterte Straße hinter den Speicherhäusern, über die sich noch die alten Fußgängerbrücken spannen, die die Speicherhäuser miteinander verbanden – ein Hauch viktorianisches London.

Die alten Speicherhäuser wurden luxuriös restauriert und beschränken sich nicht nur auf die Häuserreihe vor der Shad Thames (links). Zu den Erweiterungen des Projekts gehört auch die Bankside weiter westlich jenseits der Tower Bridge. Dort befindet sich auch der Einkaufs- und Restaurantkomplex Hays Galleria am Jubilee Walk (unten). Am Ufer legen Ausflugs- und manchmal auch große Kreuzfahrtschiffe an.

CITY HALL

Mut zum buchstäblich Schrägen: Das Rathaus von Greater London mit Sitz des Bürgermeisters und der Stadtverwaltung ist ein weiteres Beispiel der postmodernen Architektur der britischen Metropole. Die Form hat dem zehnstöckigen Gebäude (2002) zahlreiche Spitznamen eingebracht, aber sie ist nicht nur eine Laune des Architekten Norman Foster, sondern wohl durchdacht – sie sorgt für eine optimale Energieeffizienz. Durch die runde Form wird die Oberfläche verringert und somit der Energieverlust eingedämmt. Die Abstufung nach Innen auf der Südseite sorgt für natürlichen Schatten in den dahinter liegenden Büroräumen, sodass durch die Verglasung keine Überhitzung in den Räumen entsteht. Auch wird die Wärme, die von Computern und Lampen erzeugt wird, recycelt. Zur eigenen Energiegewinnung befinden sich zudem auf dem Dach Solarpaneele.

Rund um die City Hall befinden sich öffentliche Räume, darunter auch ein Amphitheater, die für sommerliche Veranstaltungen genutzt werden. Das Rathaus selbst ist von der Stadtverwaltung nur auf 25 Jahre gemietet. Die 500 Meter lange spiralförmige Innentreppe (unten und links) führt bis zur Spitze des Hauses hinauf. Sie soll ähnlich wie in Norman Fosters Reichstagskuppel in Berlin Transparenz symbolisieren.

THE SHARD

Dieser »Splitter« ragt ganze 310 Meter in die Höhe und ist das neue Wahrzeichen in Southwark. Im Juli 2012 wurde das Gebäude eingeweiht, im Februar 2013 die Aussichtsterrasse für die Öffentlichkeit zugänglich gemacht. Seitdem ist das gläserne Gebäude schon von Weitem zu sehen: The Shard. Der Wolkenkrater überragt sogar das London Eye, das mit 135 Metern derzeit höchste Riesenrad Europas, um ein Vielfaches. The Shard hatte in der Planungsphase zu Protesten geführt, es passe nicht ins Stadtbild. Probleme bei der Baugenehmigung, beim Verkauf der Grundstücke und schließlich wegen des Abspringens der Investoren verzögerten das Projekt. Mittlerweile lockt »The Shard« mit 72 Etagen zum Wohnen und Arbeiten, einem Luxushotel der Gruppe Shangri-La, Restaurants, Bars, Geschäften im Shard Plaza und einem Zugang zur Wartehalle des Bahnhofs London Bridge.

Wie so oft bei großen Bauprojekten, ist die Entstehungsgeschichte teils mühsam und kräftezehrend, einschließlich aller kontroversen Diskussionen, um schließlich eine neue, beliebte Sehenswürdigkeit in der City zu haben. Rund 11 000 Glasscheiben wurden für die pyramiden-förmige Fassade verwendet. Das kurzfristig höchste Gebäude Europas wurde bereits Ende 2012 vom Mercury City Tower überragt.

SOUTHWARK CATHEDRAL

Southwark Cathedral, nahe der London Bridge gelegen, ist in Teilen der Bausubstanz einer der ältesten Kirchenbauten Londons. Chor und Chorumgang sowie die unteren Geschosse des Turms stammen aus dem frühen 12. Jahrhundert. Dem Chor kam in der ehemaligen Klosterkirche große Bedeutung zu, er entstand in den 1270er-Jahren, der Hochaltar wurde im 15. Jahrhundert geschaffen. Zahlreiche Grabmale erinnern noch an die frü-

he Zeit der Kirche, die erst 1905 zur anglikanischen Kathedrale der Diözese Southwark erhoben wurde. Der Dichter John Gower (14. Jh.) ist hier ebenso begraben wie Shakepeares Bruder Edmund. Für den Dichter selbst wurde 1912 im südlichen Seitenschiff ein Denkmal errichtet. Unweit der Kirche lockt der Borough Market in Hallen aus der Mitte des 19. Jahrhunderts; den Markt selbst gibt es schon etwa so lange wie die Kirche.

Das Kirchenschiff fasziniert mit seiner Weite und Höhe, die den Blick zum imposanten frühgotischen Kreuzrippengewölbe (unten und großes Bild) zieht. St. Georg, hier im Kampf mit dem Drachen dargestellt, ist der Schutzpatron Englands (links). Die prächtige Statuenwand im Chor (ganz links) besteht aus Heiligen, Bischöfen und anderen Figuren, die im Zusammenhang mit der Kathedrale standen.

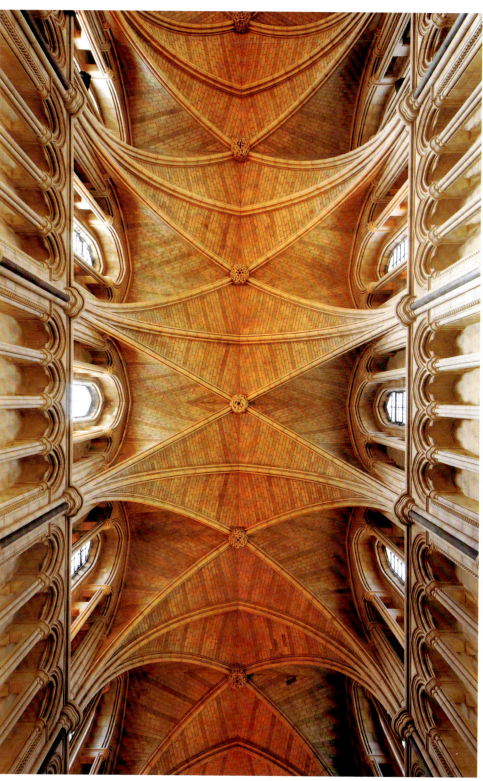

SHAKESPEARE'S GLOBE THEATRE

1997 wurde das neue Globe nur 200 Meter vom ursprünglichen Standort des originalen Shakespeare'schen Theaters eröffnet – und verblüfft Besucher mit der weitgehend originalgetreuen Architektur und mit Inszenierungen, die fern von bildungsbürgerlicher Bedeutungsschwere sind. Das neue Theater wurde nach elisabethanischen Plänen so errichtet, wie das ursprüngliche Haus vermutlich ausgesehen hat. Der mehreckige Rund-

bau mit offenem Dach im inneren Rund ist als erstes und einziges Londoner Haus seit dem Großen Brand von 1666 am Rand mit Stroh gedeckt. Innen befindet sich eine kleine überdachte Bühne mit Balkon, während sich rundum über drei Stockwerke Zuschauergalerien entlangziehen. Das »Fußvolk« steht im offenen Rund, allerdings wird bei schlechtem Wetter die Vorstellung in das angeschlossene Inigo Jones Theatre verlegt.

SHAKESPEARE'S GLOBE THEATRE

Zu Shakespeares Zeiten war Theater noch ein derbes Volksspektakel und keine hohe bildungs-bürgerliche Weihe. So werden auch im moder-nen Globe Theatre Shakespeares Stücke authentisch und lustvoll aufgeführt. Der Klassiker »Sommernachtstraum« (unten) gehört neben den anderen bekannten Stücken zum Repertoire. Das Theater war auch Drehort zahlreicher Fernsehstücke zum Meister selbst.

LONDONS BRÜCKEN

Die Themse war seit jeher die Lebensader Londons. Sie versorgte die Stadt mit Wasser und Lebensmitteln, verband sie mit dem englischen Hinterland ebenso wie mit dem Rest der Welt, ermöglichte einen blühenden Handel und führte letztlich zu Macht und Reichtum der Metropole. Bis 1750 jedoch, als die Westminster Bridge gebaut wurde, gab es nur eine einzige Brücke über den Fluss, die London Bridge. Ihre Ursprünge gehen auf das 1. Jahrhundert zurück, als die Römer die erste Holzbrücke an dieser Stelle errichteten. Sie wurde im Lauf der Jahrhunderte mehrmals neu gebaut, unter anderem bestand sie aus einem von Geschäften gesäumten Konstrukt, das in der Mitte nur vier Meter Durchgang erlaubte. Sie war dermaßen überfüllt und verstopft, dass 1733 schließlich das Dekret, sich links zu halten, erlassen wurde – die Geburt des britischen Linksverkehrs. Die heutige Version der ältesten Brücke Londons ist eine mehrspurige und pragmatische Angelegenheit. Die Überquerung des Flusses garantierten in erster Linie Fähren und kleine Boote. Doch mit zunehmendem Verkehrsaufkommen wurden mehr Brücken benötigt. Im 19. Jahrhundert wurden erstmals zusätzliche Brücken gebaut, weitere entstanden bis in jüngste Zeit (Millennium Bridge). Heute überspannen 34 Brücken die Themse.

Die Albert Bridge (links) zwischen Chelsea und Battersea gilt als die hübscheste Brücke Londons. Sie wurde 1873 für den Verkehr geöffnet und in ihrer viktorianischen Zierlichkeit erhalten. Sie ist nur für leichten Autoverkehr (maximal zwei Tonnen Gewicht) zugelassen. Nur für Fußgänger ist die bislang jüngste Brücke Londons, die Millennium Bridge (großes Bild). Sie verbindet die Bankside mit der City.

Relikte aus vergangenen Zeiten: Die Säulen, die einst die alte Blackfriars Bridge trugen, ragen neben dem neuen Modell aus der Themse.

TATE MODERN

Allein schon das Gebäude der Kunstgalerie am Ufer der Themse ist eine Sehenswürdigkeit für sich: Es ist ein backsteinverkleidetes Stahlgebilde mit einem schlanken, 99 Meter hohen Turm. Nach dem Zweiten Weltkrieg wurde es ursprünglich als Kraftwerk erbaut, das 1981 den Betrieb einstellte. Ab 1995 schließlich wurde das Bauwerk für eine dreistellige Millionensumme spektakulär zum Museum für moderne und zeitgenössische Kunst umgebaut und im Jahr 2000 eröffnet. Die Turbinenhalle, die über fünf Stockwerke in die Höhe reicht, bildet das imposante Entree, wird aber auch für außerordentliche Auftragskunstwerke genutzt. Die Kunstwerke sind auf verschiedenen Ebenen thematisch statt chronologisch zusammengefasst. Den schönsten Blick bietet jedoch das Restaurant auf Ebene 7 – über die Themse hinweg auf die City gegenüber und die St Paul's Cathedral.

Die Tate Modern ändert ihre Ausstellungs-
objekte zwar ständig, aber die Faszination des
Industriegebäudes bleibt bestehen. Die Millennium Bridge (links) verbindet die Galerie mit der
historischen City. Eine der Hauptattraktionen ist
die riesige Turbinenhalle (links unten), für die
jedes Jahr ein eigenes Kunstwerk in Auftrag
gegeben wird, wie hier die gigantische Spinne
»Maman« von Louise Bourgeois (großes Bild).

NATIONAL THEATRE/ROYAL FESTIVAL HALL

Die South Bank ist eine geballte Ladung Kultur, die sich von Shakespeare's Globe Theatre im Osten bis bis zur County Hall im Westen erstreckt. Im Zentrum steht die Royal Festival Hall, die 1951 anlässlich des Festival of Britain gebaut wurde, eine Ausstellung, die nach dem Krieg das neue England feiern sollte. Heute ist die Festival Hall, in der Konzerte und andere Veranstaltungen stattfinden, als erster Nachkriegsbau denkmalgeschützt. Auf der anderen Seite der Waterloo Bridge ist das National Theatre der absolute Blickfänger. Der Bau wurde von Denys Lasdun in brutalistischer Betonarchitektur entworfen, ein Stil, der hier allerdings durch das aufgelockerte Design angenehm gemildert wird. In dem Gebäude befinden sich drei Bühnen, die von der Royal Shakespeare Company bespielt werden, aber auch klassisches und zeitgenössisches Theater bieten.

Die nächtliche Beleuchtung lässt den massiven Bau des National Theatre als prächtigen Kulturpalast erstrahlen (ganz links). Hier werden auch moderne Stücke wie »Nation« nach der Novelle von Terry Pratchett aufgeführt (links). In der bis 2014 restaurierten Royal Festival Hall (großes Bild) finden die meisten Konzerte des London Philharmonic Orchestra statt, außerdem populäre Stücke wie »Der Zauberer von Oz« (unten).

HAYWARD GALLERY

Die Hayward Gallery wirkt wie ein Betonhaufen, der willkürlich ans Themseufer geworfen wurde. Das 1968 eröffnete Gebäude mit seiner massiven brutalistischen Betonarchitektur ist nicht bei allen Londonern beliebt, gehört aber mittlerweile zur Kulturmeile der South Bank. Zusammen mit der Royal Festival Hall und der Queen Elizabeth Hall bildet sie den Kern des Southbank Centre und ergänzt die Kultur mit visueller Kunst. Die Galerie hat keine ständige Ausstellung, sondern bietet den Rahmen für große Sonderschauen. Gelegentlich handelt es sich um Werksausstellungen, wie in der Vergangenheit von Leonardo da Vinci oder Edvard Munch. In den vergangenen Jahren konzentriert sich die Galerie jedoch mehr und mehr auf zeitgenössische Kunst, für die der gewaltige Betonbau einen passenderen Rahmen bietet als beispielsweise für zarte Impressionisten-Werke.

Ausgefallenes oder Skurriles und grauer Beton schließen sich nicht aus: Kunst beschränkt sich in der Hayward Gallery nicht nur auf die Innenräume, wie die Skulptur des »Urban Fox« (links) zeigt. Faszinierende Lichtinstallationen wie Leo Villareal's »Cylinder II« (großes Bild) oder Carlos Cruz-Diez's »Chromosaturation« wirken in den großzügigen Räumlichkeiten besonders beeindruckend.

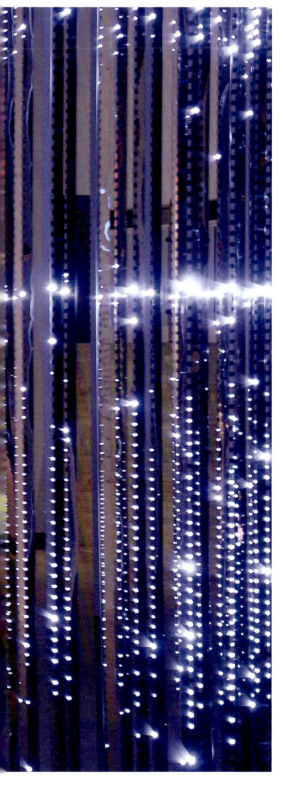

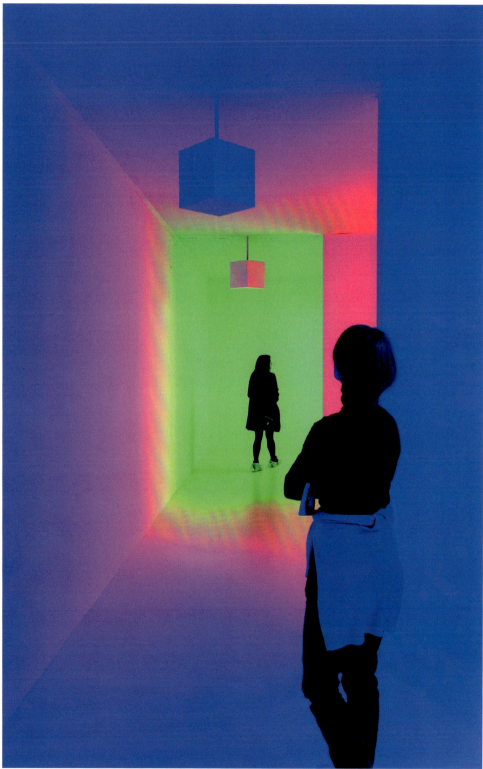

LONDON EYE

Das London Eye, ein Riesenrad zwischen County Hall und Southbank Centre, wurde am Silvesterabend 1999 vom damaligen Premier Tony Blair feierlich eröffnet und hat sich seither tatsächlich zu einem Highlight der Metropole entwickelt. Mit 135 Metern ist es das bislang größte Riesenrad der Welt. Während der Betriebszeiten dreht es sich ununterbrochen, aber langsam – etwa 30 Minuten dauert eine komplette Umdrehung. Passagiere können die Kabinen betreten oder verlassen, ohne dass das Rad anhalten muss. Die 32 Kabinen sind voll verglast und am Außenring des Rads aufgehängt, sodass die Fahrgäste einen 360-Grad-Blick über London haben. Rund 40 Kilometer weit reicht die Sicht, die ganze Stadt liegt einem zu Füßen. Ursprünglich war das London Eye nur für fünf Jahre konzipiert. Doch der Besuchererfolg war so groß, dass es sich noch 20 Jahre drehen soll.

Schwindelerregend ist die Aussicht nicht nur wegen der Höhe, sondern auch wegen des Eindrucks, den man von der Größe der Stadt erhält. Über 50 der wichtigsten Sehenswürdigkeiten sind bei klarem Wetter deutlich zu erkennen. Das London Eye wird gerne mit dem Eiffelturm in Paris oder dem Empire State Building in New York verglichen, als gleichwertiges Wahrzeichen der Weltstadt London.

WATERLOO STATION

Waterloo Station ist mit über 20 Bahnsteigen und knapp 100 000 Quadratmeter Fläche der größte Bahnhof Großbritanniens. 2009 kam ein weiterer Superlativ hinzu: Die Hauptbahnsteige wurden mit 170 automatischen Schranken versehen, was sie zur längsten Bahnsteigschranke des Landes macht. Für Erfrischung und alle anderen möglichen Bedürfnisse sorgt eine große Einkaufspassage auf dem Bahnhofsgelände. Der Anfang war jedoch weitaus bescheidener. 1848 wurde der Bahnhof eröffnet, zu Beginn des 20. Jahrhunderts jedoch für den steigenden Bedarf ausgebaut und modernisiert. Den Namen Waterloo International, mit dem sich der Bahnhof von 1994 bis November 2007 als Endbahnhof des Eurostars schmücken durfte, ging jedoch verloren, als St Pancras diese Rolle übernahm. Heute ist Waterloo Endbahnhof für alle Züge aus dem Südwesten Englands.

Victory Arch, der Haupteingang des Bahnhofs (Exit 5), erinnert an die gefallenen Eisenbahner aus beiden Weltkriegen (links). Die Figuren unter einer Statue der Britannia repräsentieren Krieg und Frieden. Die fünf Bahnsteige des Eurostar bleiben vorerst ungenutzt. Ein Umbau für den Regionalverkehr ist zu unrentabel. Übrig sind 19 viel genutzte Bahnsteige plus weitere vier am benachbarten Bahnhof Waterloo East.

STREET ART

Graffiti ist eine Kunstform, die als Vandalismus bezeichnet wird, geschaffen von jungen Leuten, die im Schutz der Dunkelheit mit Spraydosen Flächen mit ihren Tags, Bildern oder auch sinnfreien, witzigen oder politischen Sprüchen besprühen, die möglichst schnell wieder von offizieller Seite entfernt werden. Bis Banksy kam. Banksy schuf Bilder und Zeichnungen, die nicht nur subversiv waren, sondern auch verblüfften, sei es vom Standort her,

sei es von der kritischen, wenn auch humorigen Aussage. Die Medien wurden aufmerksam und mithin die Kunstszene. Banksy wurde zur Sensation, auch wenn seine Werke offiziell illegal sind. »Urbane Kunst« hießen jetzt die einst geschmähten Graffiti, die mittlerweile auf dem Kunstmarkt bis zu fünfstellige Summen einbringen können. Der etablierte Banksy, der seine Identität aber noch geheim hält, hat längst Nachfolger gefunden. Stra-

ßenkünstler wie Adam Neate, D*face, Pure Evil oder Eine hinterlassen ebenso witzige, auf jeden Fall kunstvolle Werke in den Straßen Londons. Besonders die Gegend um Shoreditch und Spitalfields in East London entwickelt sich zu einer Art Open-Air-Galerie. Banksy immerhin schaffte es mit einer eigenen Ausstellung bis ins Museum seiner Heimatstadt Bristol und dürfte damit bewiesen haben, dass Graffiti tatsächlich Kunst sein kann.

Straßenkunst ist flüchtig und überlebt manchmal nur ein paar Tage. Viele Graffiti bleiben der Nachwelt oft nur als Foto erhalten. Banksys Werke sind mittlerweile berühmt, wenn auch nicht immer am originalen Ort erhalten (großes Bild). Die Fotos rechts unten zeigen Arbeiten des Graffiti-Meisters während des »Cans Festivals« 2008 in einem Tunnel unter dem Waterloo-Bahnhof. Oben: Straßenkunst in der Brick Lane.

BATTERSEA

Der Stadtteil im Londoner Südwesten gehört zum London Borough of Wandsworth, einem Bezirk, der im Jahr 1965 aus dem Metropolitan Borough of Battersea und dem Metropolitan Borough of Wandsworth entstand. Battersea war im 19. und 20. Jahrhundert eine Hochburg der Arbeiterbewegung und damit der politischen Linken. Der etwa 83 Hektar große Battersea Park wurde bereits um 1850 angelegt. Auf dem beliebten Freizeitgelände gibt es einen kleinen Streichelzoo für Kinder mit Kaninchen, Ziegen und Kälbern. Außerdem steht am Themseufer die Battersea Power Station. Ein Kohlekraftwerk, das von 1933 bis 1983 in Betrieb war. Das markante Gebäude mit Schornsteinen ist nicht nur auf Plattencovern von Pink Floyd und The Who zu sehen, sondern war auch Drehort für Hitchcock und Monty Python. Das Bauwerk wird heute als Aufführungs- und Ausstellungsort genutzt.

Links: Eine Skulptur »Three Standing Figures«
von Henry Moore schmückt den Battersea Park,
daneben haben noch einige andere Künstler
ihre Werke dem Park gewidmet. Großes Bild: die
vier markanten Schornsteine des alten Kraft-
werks Battersea Power Station, am Südufer der
Themse mit der Grosvenor Bridge im Vordergrund. Derzeit wird mit einer groß angelegten
Kampagne die Neugestaltung des Areals geplant.

VOR DEN TOREN LONDONS

Ein Königreich und viele Schlösser: Die Umgebung von London ist übersät mit einer Vielzahl von feinen Landsitzen, kleinen Schlössern und großen Palästen. Nicht alle davon sind als Museen zugänglich – in England lebt der Adel noch weitgehend in seinen Prachtbauten. Die königlichen Schlösser stehen jedoch teilweise Touristen offen, sind sie doch groß genug, dass selbst die königliche Familie nicht gestört wird. Vor den Toren Londons trifft sich die High Society auch zur sportlichen Unterhaltung, sei es zum Pferderennen in Ascot, zum Tennis in Wimbledon, zum Rugby oder auch zur Jagd.

Windsor Castle, das größte noch bewohnte Schloss der Welt (großes Bild), wird gerne als das Wochenendhaus der Königin bezeichnet, da sie sich dort am liebsten von ihren Repräsentationspflichten erholt, auch wenn sie selbst hier gelegentlich offizielle Gäste empfängt.

KEW GARDENS

Botanische Gärten sind überall ein Publikumsmagnet, aber Kew Gardens, offiziell Royal Botanic Gardens in Kew, ist ein Garten der Superlative und zudem Weltkulturerbe. Er entwickelte sich von einem kleinen 3,6 Hektar großen Garten im 18. Jahrhundert bis zur heutigen Anlage mit 120 Hektar mit der größten Pflanzensammlung der Welt. Im Zentrum stehen die beiden bedeutendsten Gewächshäuser aus viktorianischer Zeit, das Palmenhaus und das Temperate House für Pflanzen aus gemäßigten Klimazonen. Neben den beiden weltberühmten Gebäuden aus Schmiedeeisen und Glas gibt es aber noch zahlreiche andere Gewächshäuser, Zierbauten und Museen. Zu den Attraktionen gehören das kleine Bonsai-Haus, das Seerosenhaus mit dem heißesten Klima im Garten und das Evolutionshaus, in dem auf spannende Art Millionen Jahren der Entwicklung von Pflanzen nachgegangen wird.

Das Klima im Palmenhaus, dessen Glasscheiben alle handgefertigt sind, entspricht dem eines tropischen Regenwalds (beide Bilder). Die Pflanzen, darunter auch Würz-, Frucht-, Heil- und andere Nutzpflanzen, sind nach geografischer Zugehörigkeit aufgeteilt, bis auf den Bereich unter der Kuppel, wo die höchsten Palmen wachsen. Alle Pflanzen im gesamten Park sind auf Tafeln beschriftet.

Syon House ist eines der elegantesten Schlösser Englands und seit über 400 Jahren von der gleichen Familie bewohnt, nämlich den Herzögen von Northumberland. Das Anwesen wurde nach der gleichnamigen Abtei benannt, die ihren Namen Syon vom Berg Zion ableitete. Die Abtei wurde unter Heinrich VIII. im 16. Jahrhundert zerstört und enteignet. Kurz darauf baute der Herzog von Somerset das Haus, das schließlich 1594 von Grafen Northumberland erworben wurde. Der erste Herzog dieses Adelsgeschlechts ließ Zimmer vom schottischen Architekten Robert Adam umgestalten, die noch heute in ihrer frühklassizistischen Pracht erhalten sind. Die 80 Hektar Park wurden von Lancelot »Capability« Brown im damals neuen englischen Landschaftsstil angelegt. Im heute denkmalgeschützten Park gedeihen seltene Bäume und Pflanzen sowie zauberhafte Gärten.

Das große Gewächshaus von 1826 ist ein kleiner
Palast aus Stein, Glas und Metall, der ursprünglich als Schauhaus für die exotischen Pflanzen
des damaligen Herzogs errichtet wurde (oben).
Die Great Hall (unten rechts) ist mit ihren Pastell-
tönen und dem schwarz-weißen Marmorboden
Eleganz in Reinform. Der Ante Room hingegen
(unten links) ist mit farbenprächtigem Marmor
und goldenen Götterstatuen ausgestattet.

RUGBY

Rugby ist eine rauere Variante des Fußballs, aber dennoch ein Spiel, das eher in den bürgerlichen Kreisen beliebt ist. Das hat vielleicht mit den Ursprüngen zu tun oder vielleicht auch damit, dass es noch kein Massensport ist. »Erfunden« wurde das Ballspiel in der Rugby School im kleinen Ort Rugby in Warwickshire. Die Schule ist eine der ältesten Privatschulen Englands, die insbesondere dafür bekannt war, den typischen englischen Gentleman zu erziehen, der sich für den Dienst im Empire vorbereitete. Auch heute noch ist es eine führende Schule mit einigen berühmten Absolventen, darunter der frühere Premierminister Neville Chamberlain oder der Schriftsteller Salman Rushdie. Der berühmteste ist jedoch ein gewisser William Webb Ellis, der zu Beginn des 19. Jahrhunderts das Rugby-Spiel erfunden haben soll, indem er bei einem Fußballspiel angesichts einer Niederlage seiner Schulmannschaft den Ball mit den Händen ergriff und ihn ins Tor des Gegners legte. Zu jener Zeit gab es noch keine niedergeschriebenen Fußballregeln, aber als sie dann festgelegt wurden, spaltete sich ein Club ab und gründete die Rugby Football Union. Der erste Rugby World Cup fand aber erst im Jahr 1987 statt und wird nun fortan alle vier Jahre entschieden. Der Pokal ist nach dem Erfinder des Rugby benannt: Webb Ellis Cup.

Mehrere Rugby-Wettkämpfe finden weltweit statt, darunter die beliebten Six Nations zwischen den europäischen Mannschaften England, Irland, Wales, Schottland, Frankreich und Italien. Eine Mannschaft besteht aus 15 Spielern, darunter acht kräftige Forwards und sieben flinke Backs. Die English Premiership ist die höchste Spielklasse unter dem Namen des aktuellen Hauptsponsors Aviva (alle Bilder).

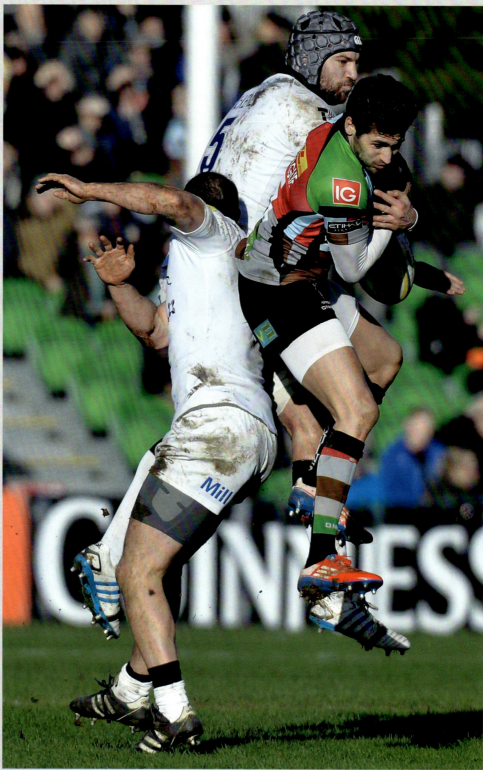

OLYMPIASTADT LONDON

2012 war das Jahr für London: Bei den Olympischen Sommerspielen fieberten Millionen Zuschauer weltweit mit ihren Athleten mit, vor den Fernsehern und natürlich im Stadion selbst. 80 000 Plätze bot die Super-Sportstätte, dort sah das begeisterte Publikum, wie das Olympische Feuer entfacht wurde, wie der Jamaikaner Usain Bolt ganze drei Mal zur Goldmedaille sprintete und schließlich eine gigantische Abschlussfeier. Das Stadion hat

486 Millionen Britische Pfund gekostet und war nach der Olympiade natürlich auch Austragungsort der Paralympics. Doch besonders stolz sind die Londoner Planer darauf, dass sie eine Nutzung nach den Spielen bereits im Vorfeld mitbedacht haben. Denn in der britischen Hauptstadt sollen keine Millionengräber vor sich hin gammeln, Sportstätten werden überall verkleinert, um- oder abgebaut, zu neuen Grünflächen umfunktioniert oder an

Clubs und Vereine verkauft. Das Olympiastadion ist jedoch nicht so einfach anders zu nutzen. Einig sind sich die Verantwortlichen, dass die Leichtathletik-Weltmeisterschaften im Jahr 2017 dort stattfinden sollen. Deshalb bleibt auf Tartanbahnen und Weitsprunganlagen erst einmal alles beim Alten. Für das Stadion hatte sich der Fußballverein West Ham United als nachfolgender Nutzer beworben, er wird ab der Saison 2016/17 dort spielen.

OLYMPIASTADT LONDON

Das Olympiastadion am Fluss Lea war das Herzstück der Spiele 2012 (großes Bild), und wird 2017 für die Leichtathletik-WM genutzt. Links: Jessica Ennis gewann 2012 Gold beim Siebenkampf. Ganz links: Der tragische Held Dorando Pietri beim Zieleinlauf 1908. Die letzten Meter des Marathonlaufs schaffte er nur mithilfe des Kampfrichters und des Arztes, sodass ihm am Ende der Siegertitel aberkannt wurde.

HEATHROW AIRPORT

Der Landeanflug nach Heathrow bietet die schönste Vogelperspektive auf London, ein unendliches Häusermeer, das sich bis zum Horizont erstreckt. Heathrow ist das Drehkreuz Europas für den Flugverkehr. Der Airport ist einer der größten Flughäfen der Welt, mit über 67 Millionen Passagieren pro Jahr sogar der mit dem höchsten Passagieraufkommen. Die ungünstige Lage, die den Anflug von Osten über die Stadt mit sich bringt,

geht auf die Ursprünge als Testflughafen zurück. Erst im Jahr 1946 wurde er der zivilen Luftfahrt übergeben. Heute umfasst das einst kleine Aerodrom eine Fläche von 12,4 Quadratkilometern und verfügt über fünf Terminals, mehrere Hotels und andere Einrichtungen. Der Terminal 5 für Fernflüge wurde 2008 eröffnet und ist das größte frei stehende Gebäude Großbritanniens. Ein sechster Terminal und eine dritte Startbahn sind geplant.

Der neue Terminal 5 (unten) ist für 35 Millionen Passagiere pro Jahr konzipiert und wird für Fernflüge und ausschließlich von der British Airways genutzt, für die Heathrow der Stammflughafen ist. Über 90 Fluggesellschaften fliegen Heathrow an und bedienen von hier aus um die 170 Destinationen. Da der Flughafen mit 25 Metern über dem Meeresspiegel recht niedrig liegt, ist er äußerst anfällig für Nebel.

WINDSOR CASTLE

Windsor Castle, von dem das Königshaus seinen Namen geborgt hat, ist nicht nur das größte Schloss Großbritanniens, sondern auch das am längsten durchgehend bewohnte. Seit fast 1000 Jahren steht hier im Westen Londons ein Schloss, von Wilhelm dem Eroberer um 1070 als Festung errichtet und seither von den englischen Königen ausgebaut, verändert, umgebaut und bewohnt sowie als Festung, Gefängnis oder Garnison genutzt. Die heutige Anlage stammt im Wesentlichen noch aus dem 14. Jahrhundert, als Edward III. die State Apartments, den Round Tower und das Norman Gate anfügen ließ. Die letzte größere Umgestaltung erfolgte Anfang des 19. Jahrhunderts unter Georg IV. Bis heute ist es eine der drei offiziellen königlichen Residenzen neben Holyrood in Edinburgh und Buckingham Palace in London und der bevorzugte Wohnsitz von Elisabeth II.

Die Baumallee »Long Walk« verbindet den Great Park und das Schloss, im Herbst bildet die Strecke eine stimmungsvolle Szenerie (links). Die Ausstattung der Räume ist von königlicher Pracht: der Grüne Salon, der Ballsaal der Königin mit Bildern von Prinzen und Prinzessinnen des 19. Jahrhunderts, der Crimson Drawing Room oder die Waterloo Chamber, die für Staatsbankette genutzt wird (von oben).

Die St George's Chapel in der imposanten Anlage von Schloss Windsor ist ein Meisterwerk der englischen Spätgotik und gleicht in Größe und Ausstattung eher einer Kathedrale denn einer Schlosskapelle. Ihre Pracht konnte sie vor allem deswegen über die Reformation retten, da sie direkt dem Monarchen und dem St.-Georgs-Kolleg untersteht, das dem englischen Schutzheiligen gewidmet ist. Zudem ist sie die Mutterkirche des Hosenband-ordens, einem der exklusivsten Orden Großbritanniens, zu dem der jeweilige Monarch, der Thronfolger und maximal weitere 24 Ritter gehören. Der Orden wurde im 14. Jahrhundert gestiftet und sollte an die Tafelrunde König Artus' erinnern. In der Kapelle wurden zahlreiche Könige und ihre Familien bestattet, von Edward IV. (1493) über Heinrich VIII. (1547) bis zur im Volk beliebten »Queen Mother« (2002), der Mutter von Elisabeth II.

Die Banner und Wappen der Mitglieder des Hosenbandordens (Order of the Garter) hängen über dem Chorgestühl, wo jedes Mitglied einen festen Sitz hat (links). Die Ritter treffen sich jeden Juni im vollen Ornat in Schloss und Kapelle. Der Orden gehört zu den angesehensten Europas. Unten rechts: ein wunderbares Detail aus der Decke im Hauptschiff. Unten links: das Grabmal von Prinz Albert Victor.

ASCOT

Das Royal Ascot Meeting, das jedes Jahr Mitte Juni in dem kleinen Ort südlich von Windsor stattfindet, ist seit der Gründung der Rennbahn durch Queen Anne im Jahr 1711 das Highlight der Pferderennen in Ascot. Jeden Tag fährt während der viertägigen Veranstaltung die Königin in einer Kutsche vor, was die Rennen selbst in den Hintergrund treten lässt. Ascot ist ein soziales Ereignis ersten Ranges, wo sich die Creme der feinen britischen Gesellschaft trifft. Allerdings gibt es bereits seit 1813 einen Parlamentsbeschluss, dass die Rennen öffentlich zu bleiben haben. Über 300 000 Menschen besuchen alljährlich die Rennen, oftmals gar nicht, weil sie an Pferdesport interessiert sind, sondern um an einem Spektakel teilzunehmen, bei dem nicht nur die Königsfamilie, sondern auch andere Mitglieder der oberen Zehntausend in vollem, manchmal auch übertriebenem Staat zu erleben sind.

Um in den Royal Enclosure, den VIP-Bereich um die Königsfamilie zu kommen, müssen nicht nur gute Beziehungen herhalten – nur über ein anderes etabliertes Mitglied dürfen Gäste teilnehmen –, sondern auch eine Kleiderordnung eingehalten werden: Herren tragen Gehrock und Zylinder, Damen müssen Kopf und Schultern bedeckt halten (links), was oftmals zu recht fantasievollem modischen Kopfschmuck führt.

MARBLE HILL HOUSE/HAM HOUSE

Die Gegend entlang der Themse zwischen Richmond und Hampton Court ist zwar nicht gerade das Loire-Tal, aber der Fluss war dort einst immerhin gesäumt von zahlreichen Schlösschen und Villen, sei es des kleineren Adels, sei es der Mätressen von Königen. Eines der ältesten ist Ham House, ein Schlösschen, das als einzigartig in Europa gilt, da es das einzige nahezu authentisch erhaltene Schloss des 17. Jahrhunderts ist. Gebaut wurde es 1610 von Sir Thomas Vavasow. Aber erst die Herzogin von Lauderdale stattete es im späten 17. Jahrhundert so aus, wie es noch heute zu bewundern ist. Marble Hill House hingegen ist eine rein palladianische Villa aus dem frühen 18. Jahrhundert und wurde für Henrietta Howard, die Mätresse von Georg II., errichtet. Sie ist als letzte vollständig erhaltene Villa jener Zeit noch mit originalen Möbeln sehr stilvoll eingerichtet.

Der Park von Ham House ist ebenso im Original erhalten wie das Haus selbst (großes Bild). Es soll das spukigste Schloss Englands sein: Es heißt, dass dort der Geist der Herzogin von Lauderdale samt ihrem Hund umgeht. Henrietta Howard, die Herrin von Marble Hill House (links), war eine hochgebildete Frau. In ihrem Salon trafen sich zahlreiche geistreiche Besucher, darunter auch der Schriftsteller Jonathan Swift.

RICHMOND PARK

Mit knapp 1000 Hektar ist der Richmond Park der größte der königlichen Parks in London und auch der größte städtische ummauerte Park Europas. Die Mauer wurde von den Anwohnern nicht gerade gebilligt, als Karl I. sie 1637 um seinen Jagdgrund bauen ließ. Er hatte im gleichen Jahr seinen gesamten Hof nach Richmond Palace verlegt, um der verheerenden Pestepidemie in London zu entgehen. Das Schloss war bereits 20 Jahre später abgetragen, aber der Park samt Mauer ist noch vorhanden. Es gibt mehrere Tore für Fußgänger, einige wenige auch für Fahrzeuge, die nur tagsüber und mit maximal 30 km/h fahren dürfen. Auch darf keine Musik aus Radio oder anderen Geräten gespielt und nicht gegrillt werden. Der Park ist daher ein Hort der Ruhe, zudem ein Naturschutzgebiet, das dem reichen Tier- und Pflanzenleben Raum zur relativ ungestörten Entfaltung bietet.

Der Richmond Park ist berühmt für seinen Wildreichtum. Um die 650 Dam- und Rothirsche leben hier (großes Bild), die frei herumlaufen können, deren Zahl aber jedes Jahr im November durch Abschuss reduziert werden muss. Das Gelände besteht aus Wiesen, kleinen Wäldern und Hainen (links), durchzogen von Fuß-, Reit- und Fahrradwegen. Verstreut im Park sind einige historische Gebäude und Gartenanlagen.

WIMBLEDON

Das Championship Wimbledon ist das älteste Tennisturnier der Welt, seit hier in dem Londoner Vorort Wimbledon der private »All England Croquet and Lawn Tennis Club« 1877 das erste Turnier im Herreneinzel veranstaltete. Aber es gilt auch als das prestigereichste der vier Grand-Slam-Turniere, der wichtigsten Tennisturniere der Welt, und das einzige, das noch wie ursprünglich auf Rasen gespielt wird. Das heutige Stadion mit mehreren Plätzen entstand erst 1922 an dieser Stelle. Dort wurden Tennislegenden geboren, wie Björn Borg, Boris Becker, Steffi Graf, Martina Navratilova und viele mehr, deren Namen auch jene kennen, die sich für Tennis nicht so interessieren. Auch heute noch ist ein Turnier in Wimbledon großes Medienereignis mit weltweitem Interesse. Die Finalspiele immerhin müssen im Auftrag der Regierung vom terrestrischen Fernsehen übertragen werden.

Seit 2009 hat das Stadion (großes Bild) ein einziehbares Dach, um die Spiele vor dem Regen zu schützen. Die traditionellen Farben von Wimbledon sind Dunkelgrün und Lila, Schiedsrichter und Balljungen und -mädchen tragen heute allerdings dunkelblaue Uniformen (links), nur die Spieler müssen Weiß tragen. Unten: Der vergoldete Pokal für das Herreneinzel. Im Dameneinzel wird ein silberner Teller verliehen.

HAMPTON COURT

Hampton Court wurde wie so zahlreiche Schlösser Großbritanniens ursprünglich nicht für das Königshaus gebaut. Es wurde beschlagnahmt. Allerdings wurde es von den Königen in späteren Jahrhunderten so prachtvoll aus- und umgebaut, dass es heute als einer der schönsten historischen Paläste und größte Touristenattraktion in der Umgebung Londons gilt. Kardinal Wolsey, Lordkanzler von Heinrich VIII., erwarb 1514 das Anwesen aus dem 14. Jahrhundert und ließ es zu einem prächtigen Renaissancepalast umgestalten. Als er die Gunst des Königs verlor, nahm es Heinrich VIII. in Besitz, der es im Tudorstil umbauen und erweitern ließ. Später entstanden neue Flügel durch Sir Christopher Wren. Zu den Attraktionen des Palastes gehören die Great Hall von 1532, die astronomische Uhr an Anne Boleyn's Gate, die riesigen Küchenanlagen und der Royal Tennis Court.

Die Gartenseite von Hampton Court wurde Anfang des 17. Jahrhunderts von Christopher Wren auf Befehl von Wilhelm III. umgestaltet. Auch der formale Garten stammt aus jener Zeit. Das Schloss ist aber in erster Linie das von Heinrich VIII. Links: Porträt des Herrschers von Hans Holbein d. J.; ganz links: die Familie Heinrichs VIII., ein Gemälde von Lucas de Heere von 1572 in Sudeley Castle.

REGISTER

BILDNACHWEIS/IMPRESSUM

A = Alamy
C = Corbis
G = Getty Images
L = Laif
M = Mauritius Images

Coverbild und Seite 1: G/Julian Elliott Photography

S. 2/3 G/Vladimir Zakharov, S. 4/5 G/Joe Daniel Price, S. 6/7 C/Massimo Borchi, S. 8/9 H. & D. Zielske, S. 10/11 H. & D. Zielske, S. 12/13 G/Jeremy Walker, S. 14/15 C/David Osborn, S. 16/17 H. & D. Zielske, S. 18/23 C/Alan Copson, S. 19–22 C/Adrian Brockwell, S. 23 G/Laurie Noble, S. 24/25 C/Matt Gibson, S. 25 C/Massimo Borchi, S. 26/27 C/Howard Kingsnorth, S. 27 C/Steve Heap, S. 28/29 G/Tim Robberts, S. 29 M/Alamy, S. 30/31 H. & D. Zielske, S. 31 H. & D. Zielske, S. 32/33 H. & D. Zielske, S. 33 H. & D. Zielske, S. 33 H. & D. Zielske, S. 34/39 C/Mark Thomas, S. 35–38 G/Vladimir Zakharov, S. 39 G/Travelpix Ltd., S. 40/41 H. & D. Zielske, S. 41 H. & D. Zielske, S. 42/43 G/Ben Pipe Photography, S. 43 C/Stuart Cox, S. 43 M/View Pictures LTD, S. 44/45 A/View Pictures Ltd, S. 45 C/Julian Abrams, S. 45 C/Mark Sykes, S. 45 M/Alamy, S. 46/47 G/Maremagnum, S. 47 Look/Axiom, S. 47 Look/Axiom, S. 47 C/Steve Vidler, S. 47 H. & D. Zielske, S. 48 C/Raf Makda, S. 48 M/View Pictures LTD, S. 48 M/Alamy, S. 48/49 C/Piero Cruciatti, S. 49 C/Rune Hellestad, S. 49 C/Tim Gartside, S. 49 C/Leo Mason, S. 49 C/Matthew Aslett, S. 50/51 H. & D. Zielske, S. 51 C/Alison Wright, S. 51 C/Richard Franck Smith, S. 52/53 C/Rudy Sulgan, S. 54/55 H. & D. Zielske, S. 55 H. & D. Zielske, S. 55 G/ Ludovic Maisant, S. 55 A/John Norman, S. 56/57 C/Jose Fuste Raga, S. 57 G/Arpad Lukacs Photography, S. 57 C/Mark Sykes, S. 57 C/Peter Aprahamian, S. 58 M/Loop Images, S. 58/59 C/James Morris, S. 59 M/Alamy, S. 60 M/Alamy, S. 60/61 C/Dylan Martinez, S. 61 C/Morley von Sternberg, S. 62/63 H. & D. Zielske, S. 64/65 M/Alamy, S. 65 M/Michael Szönyi, S. 66/67 M/Alamy, S. 67 C/Paul Riddle, S. 67 M/Alamy, S. 67 M/Alamy, S. 68/69 C/Construction Photography, S. 69 C/Tom Hanslien, S. 70/71 C/Massimo Borchi, S. 71 C/Rudy Sulgan, S. 71 C/Pawel Libera, S. 72/73 C/Franz-Marc Frei, S. 73 C/Robbie Jack, S. 73 C/Robbie Jack, S. 74/75 M/Ralf Poller, S. 75 H. & D. Zielske, S. 76 Look/age fotostock, S. 76 Look/age fotostock, S. 76/77 C/Dennis Gilbert, S. 77 Look/age fotostock, S. 77 C/Derek Bayes, S. 77 C, S. 78/79 C/Todd Korol, S. 79 C, S. 79 C/The Print Collector, S. 79 C/John Harper, S. 80/81 G/Scott Robin Barbour, S. 81 C/Eric Nathan, S. 81 G/Maremagnum, S. 82/83 C/Peet Simard, S. 83 C/Mark Mawson, S. 83 C/Bruno Ehrs, S. 83 C/Alison Wright, S. 84/85 H. & D. Zielske, S. 86/87 C/Mike Kemp, S. 87 C/Mike Kemp, S. 88/89 C/Pawel Libera, S. 89 G/Adrian Lyon, S. 90/91 H. & D. Zielske, S. 92/93 C/Alan Copson, S. 93 G/VisitBritain/Pawel Libera, S. 93 C/David Mbiyu, S. 93 C/Paul Cunningham, S. 93 H. & D. Zielske, S. 94/95 G/Gary Yeowell, S. 95 G/lpbb, S. 95 C/Massimo Borchi, S. 96/97 C/Jon Boyes, S. 97 G/VisitBritain/Britain on View, S. 97 C/David Bank, S. 97 C/Steve Vidler, S. 97 L/Patrice Hauser, S. 97 M/Alamy, S. 97 M/Alamy, S. 98/99 G/Maremagnum, S. 99 M/Alamy, S. 100 G/Pawel Libera, S. 100/101 G/Jane Sweeney, S. 101 G/Jeremy Horner, S. 102/103 C/Cathal McNaughton, S. 103 C/Mark Fiennes, S. 103 C/Mark Fiennes, S. 103 G/Cate Gillon, S. 104 C/Mark Sykes, S. 104/105 M/SuperStock, S. 105 M/Prisma, S. 105 M/Alamy, S. 106/111 C/Rudy Sulgan, S. 107–110 M/Alamy, S. 111 C/Adam Woolfitt, S. 111 C/Adam Woolfitt, S. 111 C/Julian Calverley, S. 112/113 A/Robert Harding Picture Library Ltd, S. 113 C/Adam Woolfitt, S. 113 C/

Bettmann, S. 114/115 C/Pool Photograph, S. 115 C/Kieran Doherty, S. 115 C/Keith Wells, S. 116/117 G/Pawel Libera, S. 117 Look/age fotostock, S. 118 G/S. Vannini, S. 118/119 M/United Archives, S. 119 H. & D. Zielske, S. 119 H. & D. Zielske, S. 120 C/Florian Monheim, S. 120/121 C/Rudy Sulgan, S. 121 C/Rupert Horrox, S. 122/123 C/Angelo Hornak, S. 123 C/Angelo Hornak, S. 123 C/Angelo Hornak, S. 124/125 C/Toby Melville, S. 125 C/Luke MacGregor, S. 125 Look/SuperStock, S. 125 Look/SuperStock, S. 126/127 C/Ivan Vdovin, S. 127 G/Emma Durnford, S. 127 C/Ivan Vdovin, S. 127 G/Joe Daniel Price, S. 128/129 C/Alan Copson, S. 129 A/Pawel Libera, S. 130/131 C/Toby Melville, S. 131 C/Neil Warner, S. 132/133 G/Future Light, S. 133 Look/age fotostock, S. 133 C/Marco Simoni, S. 134/135 C/Ricky Leaver, S. 135 C/Andreas von Einsiedel, S. 135 C/Andreas von Einsiedel, S. 135 C/Ed Reeve, S. 135 C/Ed Reeve, S. 135 M/Alamy, S. 135 M/Alamy, S. 136/137 H. & D. Zielske, S. 138/139 M/Alamy, S. 139 Look/age fotostock, S. 139 M/Alamy, S. 140/141 H. & D. Zielske, S. 141 G/Bob Ingelhart, S. 141 C/Elizabeth Whiting & Associates, S. 141 M/Alamy, S. 142 M/Alamy, S. 142 M/Alamy, S. 142/143 G/Jo Hale, S. 143 G/Scott Robin Barbour, S. 143 G/Scott Robin Barbour, S. 144/145 Look/age fotostock, S. 145 Look/age fotostock, S. 146/147 A/IML Image Group Ltd, S. 147 M/Alamy, S. 147 H. & D. Zielske, S. 147 H. & D. Zielske, S. 147 H. & D. Zielske, S. 148/149 G/Jonathan Knowles, S. 149 M/Alamy, S. 149 M/Alamy, S. 149 M/Alamy, S. 149 G/Gary Yeowell, S. 150/151 H. & D. Zielske, S. 151 H. & D. Zielske, S. 152/153 C/Massimo Borchi, S. 154/155 M/Alamy, S. 155 A/PCL, S. 155 M/Alamy, S. 155 M/Alamy, S. 155 M/Alamy, S. 156/157 G/Sylvain Sonnet, S. 157 G/Travelpix Ltd, S. 157 G/JTB Photo, S. 157 G/JTB Photo, S. 157 M/Alamy, S. 158/159 G/Chris Jackson, S. 159 M/Loop Images, S. 159 M/Steve Vidler, S. 159 M/Alamy, S. 159 M/Alamy, S. 160 A/Jon Arnold Images Ltd, S. 160 M/View Pictures LTD, S. 160 M/Alamy, S. 160/161 C/Andreas von Einsiedel, S. 161 M/Loop Images, S. 162/163 M/Alamy, S. 163 Look/age fotostock, S. 163 Look/SuperStock, S. 164 M/Alamy, S. 164 M/Alamy, S. 164/165 Look/Axiom, S. 165 G/Johnnie Pakington, S. 165 C/Pawel Libera, S. 165 C/Pawel Libera, S. 166/167 Look/Axiom, S. 167 C/Bill Varie, S. 167 M/Alamy, S. 168 M/Alamy, S. 168/169 Look/Karl Johaentges, S. 169 Look/age fotostock, S. 169 G/Dan Kitwood, S. 170/171 G/Craig Roberts, S. 171 G/Christer Fredriksson, S. 172/173 G/Sergio Amiti, S. 173 G/Eurasia Press, S. 173 G/Panoramic Images, S. 174/175 C/Eurasia Press, S. 175 Look/Photononstop, S. 176 C/John Harper, S. 176/177 G/Tim Graham, S. 177 M/Carlos Sanchez Pereyra, S. 178/179 C/Paul Panayiotou, S. 179 H. & D. Zielske, S. 180/181 G/Eurasia Press, S. 181 A/Jon Arnold Images Ltd, S. 181 M/Alamy, S. 182/183 Look/H. & D. Zielske, S. 184/185 C/David Churchill, S. 185 G/Jane Sweeney, S. 185 M/Alamy, S. 186/187 G/View Pictures, S. 187 A/Neil Tingle, S. 188/189 M/Alamy, S. 189 M/Alamy, S. 190/191 A/Caro, S. 191 Look/age fotostock, S. 191 Look/age fotostock, S. 191 Look/Photononstop, S. 191 C/Massimo Borchi, S. 191 C/Sylvain Sonnet, S. 191 M/Alamy, S. 192/193 Look/age fotostock, S. 193 G/Charles Bowman, S. 193 M/Alamy, S. 194 M/Alamy, S. 194/195 C/Philippe Lissac, S. 195 M/Alamy, S. 196 M/Alamy, S. 196/197 A/Tom Mackie, S. 197 G/Panoramic Images, S. 198/199 M/Alamy, S. 199 G/usabin, S. 199 C/Herbert Kehrer, S. 199 A/ImageState, S. 200/201 A/Bildarchiv Monheim GmbH, S. 201 G/The Print Collector, S. 201 M/Alamy, S. 202/203 H. & D. Zielske, S. 203 H. & D. Zielske, S. 203 M/Alamy, S. 204/205 H. & D. Zielske, S. 206/207 M/Alamy, S. 207 G/Panoramic Images, S. 208/209 G/Peter Phipp, S. 209 M/Alamy, S. 209 M/Alamy, S. 209

M/Alamy, S. 209 M/Alamy, S. 210/211 C/Robbie Jack, S. 211 C/Robbie Jack, S. 211 C/Richard Booth, S. 211 C/Robbie Jack, S. 212/213 C/Suzanne Plunkett, S. 213 G/Stuart MacFarlane, S. 213 G/Mike Hewitt, S. 213 G/Ian Kington, S. 213 G/Darren Walsh, S. 214/215 H. & D. Zielske, S. 216/217 C/Dennis Gilbert, S. 217 H. & D. Zielske, S. 218/219 C/Gideon Mendel, S. 219 C/Gideon Mendel, S. 219 C/Gideon Mendel, S. 219 C/Gideon Mendel, S. 219 C/Gideon Mendel, S. 220 C/Gideon Mendel, S. 220 C/Adam Woolfitt, S. 220/221 C/Massimo Borchi, S. 221 C/Mike Kemp, S. 222/223 Look/Spaces Images, S. 223 Look/Karl Johaentges, S. 223 Look/Spaces Images, S. 224/225 H. & D. Zielske, S. 226/227 H. & D. Zielske, S. 227 C/Jane Sweeney, S. 228/229 A/Jonathan Miller, S. 229 G/Scott Heavey, S. 229 C/Lee Blanchflower, S. 230/231 A/Jon Arnold Images Ltd, S. 231 C/Richard Turpin, S. 231 M/Richard Allen, S. 232/233 G/Alan Copson, S. 233 G/Hulton Archive, S. 233 C/Dallas and John Heaton, S. 233 M/Loop Images, S. 234 G/Doug McKinlay, S. 235–238 M/Alamy, S. 239 C/Adam Woolfitt, S. 239 C/Adam Woolfitt, S. 239 C/Adam Woolfitt, S. 239 M/Alamy, S. 240/241 M/Alamy, S. 241 M/Alamy, S. 242/243 A/Tim Gartside, S. 244/245 G/Domingo Leiva, S. 245 H. & D. Zielske, S. 246/247 M/Alamy, S. 247 Look/Photononstop, S. 247 M/Alamy, S. 248/249 C/David Bank, S. 249 C/Panoramic Images, S. 250/251 G/Jorg Greuel, S. 251 Look/age fotostock, S. 251 M/Alamy, S. 252/253 H. & D. Zielske, S. 253 G/Eurasia Press, S. 254/255 C/Bo Zaunders, S. 255 C/Paul Dean Prince, S. 255 A/Paul Prince Photography, S. 255 M/Alamy, S. 256 Look/Photononstop, S. 256 M/Alamy, S. 256/257 C/Robbie Jack, S. 257 C/Alex Hare, S. 258/259 C/Eurasia Press, S. 259 M/Robert Harding, S. 260/261 H. & D. Zielske, S. 262 C/Adrian Houston, S. 262/263 G/Peter Macdiarmid, S. 263 G/Ian Cumming, S. 264/265 G/Amy T. Zielinski, S. 265 C/Robbie Jack, S. 265 C/Robbie Jack, S. 265 Look/Rainer Mirau, S. 266/267 C/Rune Hellestad, S. 267 C/Rune Hellestad, S. 267 M/Alamy, S. 268/269 G/Pawel Libera, S. 269 G/Pawel Libera, S. 270/271 G/Alice, S. 271 G/Chris Close, S. 272/273 G/Bruno Vincent, S. 273 C/Barry Lewis, S. 273 C/Massimo Borchi, S. 273 C/David Mbiyu, S. 273 G/Jim Dyson, S. 274/275 H. & D. Zielske, S. 275 M/Alamy, S. 276/277 A/Oleksandr Ivanchenko, S. 278/279 G/Pawel Libera, S. 279 G/Panoramic Images, S. 280/281 M/Alamy, S. 281 M/Alamy, S. 281 H. & D. Zielske, S. 282/283 C/Leo Mason, S. 283 C/Leo Mason, S. 283 C/Leo Mason, S. 284/285 G/David Bank, S. 285 C/Charlie Crowhurst, S. 285 C/Hulton - Deutsch Collection, S. 286/287 G/Nikada, S. 287 M/Alamy, S. 288/289 Look/SuperStock, S. 289 G/Banana Pancake, S. 289 C/Steven Vidler, S. 289 G/Tim Graham, S. 289 G/Tim Graham, S. 289 G/Tim Graham, S. 290/291 M/Alamy, S. 291 C/Angelo Hornak, S. 291 C/Steve Vidler, S. 292/293 C/Alan Crowhurst, S. 293 G/Scott Barbour, S. 293 G/Chris Jackson, S. 294/295 C/Ellen Rooney, S. 295 M/Alamy, S. 296/297 M/Alamy, S. 297 M/Alamy, S. 298/299 A/Neil Tingle, S. 299 C/Visionhaus, S. 299 G/Popperfoto, S. 299 A/Neil Tingle, S. 300/301 G/Panoramic Images, S. 301 G/UniversalImagesGroup, S. 301 M/United Archives.

© 2018 Kunth Verlag GmbH & Co. KG, München
St.-Cajetan-Straße 41
81669 München
Tel. +49 89 45 80 20-0
Fax +49 89 45 80 20-21
www.kunth-verlag.de
info@kunth-verlag.de

Printed in Slovakia

Texte: Petra Dubilski, Daniela Kebel

Alle Fakten wurden nach bestem Wissen und Gewissen mit der größtmöglichen Sorgfalt recherchiert. Redaktion und Verlag können jedoch für die absolute Richtigkeit und Vollständigkeit der Angaben keine Gewähr leisten. Der Verlag ist für alle Hinweise und Verbesserungsvorschläge jederzeit dankbar.